武　术

叶　伟　李　蕾　主　编
崔建功　丁传伟　副主编

北京体育大学出版社

策划编辑： 李志诚
责任编辑： 吴光远
责任校对： 张春芝
版式设计： 李　鹤

图书在版编目（CIP）数据

武术 / 叶伟，李蕾主编. -- 北京 : 北京体育大学出版社, 2016.8（2023.9重印）
ISBN 978-7-5644-2384-1

Ⅰ. ①武… Ⅱ. ①叶… ②李… Ⅲ. ①武术－文化研究－中国 Ⅳ. ①G852

中国版本图书馆CIP数据核字(2016)第198276号

武术　　**叶　伟　李　蕾　主　编**

出版发行：北京体育大学出版社
地　　址：北京市海淀区农大南路1号院2号楼2层办公B-212
邮　　编：100084
网　　址：http：//cbs.bsu.edu.cn
发 行 部：010-62989320
邮 购 部：北京体育大学出版社读者服务部 010-62989432
印　　刷：三河市龙大印装有限公司
开　　本：710mm×1000mm　1/16
成品尺寸：170mm×240mm
印　　张：12.75
字　　数：240千字
版　　次：2016年10月第1版
印　　次：2023年9月第2次印刷
定　　价：55.00元

编委会

主　编：叶　伟（首都体育学院）
　　　　李　蕾（山东师范大学）

副主编：崔建功（首都体育学院）
　　　　丁传伟（首都体育学院）

编　委：丁传伟　叶　伟　朱建亮
　　　　汤铁军　李凤梅　李艳荣
　　　　李　蕾　杨　静　孟　涛
　　　　赵庆建　茹　凯　崔建功

编写说明

由于我国体育学院近年来有向着综合性学院建设的趋势，因而在体育学院出现了一些非体育类的专业，比如，体育新闻专业、体育管理专业、体育艺术专业，以及运动人体科学专业等。由于身处体育学院，而武术又是我国的优秀民族传统体育项目，因此，这些学院多数也开设了武术课程。但是这些专业的培养目标和学生特点与体育专业有很大不同，可是目前国内还没有见到专门针对体育学院非体育类专业的武术教材，他们一般仍沿用体育专业的教材。相对来说，这些教材技术难度偏大，理论偏重于专项知识，不太适合这些专业的培养目标和学生的具体特点，缺乏针对性和适应性。首都体育学院武术教研室在此方面有了一定的前期探索，并在武术教材建设和课程建设中积累了一定的经验。因此，建设一本适应体育学院非体育类专业培养目标和学生特点的武术教材，与教学改革及课程建设相结合，就纳入了我们的视野。

本教材基于体育学院非体育专业的培养目标和学生特点，全面贯彻“淡化套路，突出方法，强调应用”的武术课程改革精神，注重武术的基础性知识和基础技术，力求动作能体现武术特点，且简单，易教、易学、易练，能够激发学习兴趣。

由于体育学院非体育专业武术课的学时较少，各地区、各专业应根据专业实际和学生特点，从本教材中选取适当的内容进行教学。

本教材由首都体育学院主持编写，采用主编负责制下的分工编写方式。由叶伟、李蕾任主编，崔建功、丁传伟任副主编，参加编写的人员有（以姓氏笔画为序）：丁传伟、叶伟、朱建亮、汤铁军、李凤梅、李艳荣、李蕾、杨静、孟涛、赵庆建、茹凯、崔建功。全书最后由叶伟统一串编、修改定稿。

本教材在编写过程中得到了首都体育学院各级领导及有关人员的大力支持和帮助，在此表示衷心的感谢。

限于编者水平，文中有错误和不妥之处，恳请读者批评指正。

目　录

第一章　武术运动概述

武术是我国最重要的民族传统体育运动，是我国传统文化的重要组成部分，具有鲜明的民族特点。武术的内容丰富多彩，同时也具有多方面的价值功能，尤其是在现代社会和经济全球化的今天，推广与发展武术对于增进民族认同感，弘扬民族精神，以及提升我国的文化软实力等都具有特殊的作用。

第一节　武术释义

一、“武术”一词的来源

从常识上讲：武与术是两个概念，“武”泛称干戈军旅之事，与“文”相对。“术”是技术、手段、方法。“武术”一词最早见于南朝宋的太子舍人，颜延之的四言诗中：“偃闭武术，阐扬文令。庶士倾风，万流仰镜。”它意思是“废止武术，促进文学。使百姓佩服，大家仰慕好榜样”，但文中的“武术”是指军事，而不是指今天具有技艺技能的武术运动。把“武”和“术”连在一起组成“武术”，成为一个属于体育文化范畴、包含多种价值功能的新词，始于晚清。新中国成立后至今沿用了“武术”一词，“武术”这一称谓基本上被固定下来。

二、武术与古代军事的区别和联系

众所周知，古代武术起源于原始社会人类的生产活动，主要是原始的狩猎活动。狩猎的过程培养了人们搏杀的技能，随着社会生产力的提高，私有制的产生，部落战争频繁出现，使最初人与兽斗的搏杀技能向人与人斗的格斗技能迅速转化，通过战争实践而发展成为独立的技术领域，战斗经验的总结和技艺的传授，蕴涵着武术的萌芽，同时也是军事斗争的需要。这一时期，武术与军事技能之间的界限非常模糊，二者往往合而为一，混融一体，武术尚处在原始朦胧状态之中，需要借助、依附于军事技艺而存在。

春秋战国时期，奴隶制崩溃，由奴隶主贵族在军队和教育方面垄断武术的局面被打破，武术开始走向民间，社会上出现了专门凭借武术本领立足为生的职业武士群，这为武术在下层社会的传承提供了师资保证。同时，列国混战，各诸侯国都非常重视武备，纷纷推行一系列新的军训制度和选拔将士的国策，这些国策的制定与推行极大地激发了民间习武的积极性，民间习武之风日盛。由于习武活动在民间勃然兴起，武术在民间寻找到了更加适合自身生长的土壤，逐渐发展，最终形成了众多成熟的民间武术流派。

古代武术很早就出现了脱离军阵实用的倾向，阵容与功能都朝着多样化的方向发展，军事技术则主要依存于军事，始终受战争需要的制约，为实战服务，最大限度地杀伤敌人，保全自己，取得胜利是其唯一的价值目标。这种价值取向、目标追求上的分歧导致了古代武术与古代军事技术在技击特性，技术方法，器械形制以及社会功能等方面的迥然相异。

三、近代以来武术概念的演变

要了解和认识事物，一般都从概念入手，因为概念是反映事物特有属性的思维方式，是认识事物的起点。要了解和认识武术，也需从概念入手。从历史与逻辑相统一的视角观察，武术的概念应该是一个不断发展和动态的变化过程。武术在不同历史时期和不同视域下的存在形态和基本特征是不同的，在不同的历史时期人们对它的认识也不尽相同，武术的内容、形式和价值功能的不断变化，以及不同的社会环境和不同人认识有差异等因素的存在，人们在对武术的概念进行定义时也就出现了不同的表述。

20世纪30年代初武术称之为“国术”，其概念为：“国术原我国民族固有之身体活动方法，一方面可以供给自卫技能，一方面可作锻炼体格之工具。”40年代国术称为武术，其概念为：“所谓民族体育者，即我国固有之武术也……不独在运动上具相当之价值，且对于自卫上有显著之功效。”

20世纪50年代在研究讨论武术概念时，增加了健身、技击、艺术内容，并强调了教育功能。60年代在中国高等体育院校本科讲义《武术》中把武术概念确定为："武术是拳术、器械套路和有关的锻炼方法所组成的民族形式体育。它具有强筋壮骨、增进健康、锻炼意志等作用，也是我国具有悠久历史的一项民族文化遗产。"

进入20世纪70年代末，高校体育院系《武术》教材将"武术"的定义修定为："武术是以踢、打、摔、拿、击、刺等攻防格斗动作为素材，按照攻守进退、动静疾徐、刚柔虚实等矛盾相互变化的规律编成徒手和器械的各种套路。它是一种增强体质、培养意志、训练格斗技能的民族形式的体育运动。"

到了1983年高校体育院系《武术》教材又对武术概念作了新的补充，除保留了"武术，是以踢、打、摔、拿、击、刺等攻防格斗动作为素材，按照攻守进退、动静疾徐、刚柔虚实等矛盾相互变化的规律编成徒手和器械的各种套路"外，又补充了"或在一定条件下遵照一定的规则，两人斗智斗力，形成搏斗，以此来增进强体质、培养意志、训练格斗技能的体育运动"。1988年12月在北京召开了全国武术专题研讨会，会上对武术概念重新做出定义："武术是以技击动作为主要内容，以套路和格斗为运动形式，注重内外兼修的中国传统体育项目。"90年代后出版的有关武术书籍大多数都沿用了这一概念。

2003年8月由高等教育出版社出版的高等学校教材《中国武术史》一书中把武术概念界定为："武术是以技击动作为主要内容，以套路和格斗包括功法练习为活动形式，注重内外兼修的中国传统体育项目。"此界定符合逻辑学要求并拓宽了定义范围，确定了武术的文化定位和文化特征，明确了武术的内在属性。

2004年出版的体育院校通用教材《中国武术教程》中指出："武术是以攻防技击为主要技术内容，以套路演练和搏斗对抗为运动形式、注重内外兼修的中国传统体育项目。" 而在2009年7月于河南省登封市召开关于武术定义和武术礼仪标准化研讨会上，专家学者给武术赋予了新的更加准确的定义："武术是以中华文化为理论基础，以技击方法为基本内容，以套路、格斗、功法为主要运动形式的传统体育。"

武术定义的修订关系到武术发展方向，新的定义更符合现代文化的需要，使武术适应这个时代的人们所追求的意识与行为，使其成为实现人生理想、生活目标的有效载体。

第二节 武术的内容与分类

武术运动内容丰富，形式多样。武术运动的分类方法很多，按照功能分类，可分为竞技武术、健身武术、学校武术、实用武术。按照运动形式将武术运动分为功法运动、套路运动、搏斗运动。本节主要以运动形式分类的方法介绍武术的内容。

一、功法运动

功法运动是以单个动作为主进行练习，以达到健体或增强某方面体能的运动。功法运动主要为武术套路和攻防格斗服务，但也有只练习功法运动以健身为目的的习练者。例如，专习“浑元桩”可以调心、调身、调息，长时间站“马步桩”可以增强腿力，练习“排打功”可增强人体抗击打能力，练习“打千层纸”可以提高击打能力，等等。

传统功法运动的内容丰富多彩，按其形式与功用又可进一步分为以下四类。

（一）内壮功

内壮功又称“内功”“内养功”或“富力强身功”，泛指习武者通过专门的训练方法和手段，对人体内在的精、气、神及脏腑、经络、血脉等的修炼，以达到精足、气壮、神明、内脏坚实、经络血脉通畅、内壮外强的功效。《太极拳法实践》一书曾有“其专至锻炼脏腑、神经、感觉，所谓精气神者为内功”之说。内壮功有很多具体的练习功法，从锻炼的形式与方法上看，大致有静卧的方法、静坐的方法、站桩的方法和鼎桩的方法4种。

（二）外壮功

外壮功又称“外功”，泛指习武者通过专门的训练方法和手段，使身体具有比常人较强的击打、抗击打、摔跌、磕碰的能力，以达到强筋骨、壮体魄之功效的功夫运动。如传统的鹰爪功、金刚指、铁砂掌、打千层纸以及各种排打功等，都属于外壮功。外壮功一般与内壮功结合进行修炼，即所谓的“内练一口气，外练筋骨皮”。

（三）轻　功

轻功又称“弹跳功”，泛指通过各种专门的练习方法和手段，以达到增强弹跳能力而蹦得高、跳得远之功效的功法运动。传统的方法中所谓的使人体变得“身轻如燕”而“飞檐走壁”的轻功，由于缺乏科学根据，并不可信。

（四）柔　功

柔功，泛指通过各种专门的练习方法和手段，以达到提高肢体关节活动幅度和肌肉伸展性能的功法运动。例如，武术基本功中的各种压腿、搬腿、撕腿、劈叉腿、下桥、压肩等，都属于柔功。

在传统的功法运动中，前人根据实践经验总结出来的有些功法一直延续至今，如“排打功”“沙包功”“木人桩功”等，仍是提高武术专项技能的有效训练方法与手段。有些功法在一定的历史阶段发挥过作用，但随着科学技术的发展，现今已被新的方法和器械所取代，如“石锁功”“石荸荠功”等。有些功法，是否科学合理还有待进一步研究，如“金钟罩”“铁裆功”等。另外，有些功法纯属玄虚不实、带有迷信色彩，应予摈弃，如“刀枪不入”“飞檐走壁”“隔山打牛”等。

二、套路运动

套路运动是指以技击动作为素材，以攻守进退、动静疾徐、刚柔虚实等矛盾运动的变化规律为依据编成的整套练习形式。可分为单练、对练和集体演练。

（一）单　练

指个体独自进行套路练习的方式，根据练习时是否手持器械，单练又分为拳术和器械两类。

1. 拳　术

拳术是指徒手练习的套路运动。拳术的种类很多，常见的有长拳、南拳、太极拳、形意拳、八卦掌、翻子拳、八极拳、少林拳等。

2. 器 械

器械运动是指手持武术兵器进行练习的套路运动，器械可分为：长器械、短器械、双器械、软器械。目前武术竞赛中主要的器械项目是：刀、剑、棍、枪。

（二）对 练

对练是指在单练基础上，两人或两人以上，在预定条件下进行的假设性攻防练习的套路形式。其中包括徒手对练、器械对练、徒手与器械对练等。

（三）集体演练

集体演练是指多人（通常6～8人）徒手、器械或徒手与器械同时进行演练的套路形式。练习时可进行队形变换，可有音乐伴奏。

三、搏斗运动

搏斗运动是两个人在一定条件下，按照一定的规则进行斗智、较力、较技的实战攻防格斗技术。主要包括：散打、推手和短兵。

（一）散 打

又称散手，是指两人按照一定的规则使用踢、打、摔、拿等方法制胜对方的竞技项目。散打古称手搏、白打、打擂台等。

（二）推 手

太极推手也称打手、揉手、擖手，是两人遵照一定的规则，使用太极拳的手法，通过肌肉的感觉来判断对方的用劲，然后借劲发劲将对方推出，以此决定胜负的项目。推手的形式很多，可以分为单推手、双推手、定步推手、活步推手、大捋推手、散推手等。

（三）短 兵

短兵，是两人手持一种用皮、藤或棉制作的短棒似的器械，在一定的场地内，按照一定的规则，使用劈、砍、刺、崩、点、斩等方法进行决胜负的竞技项目；它是两兵相交、相较、相抗的对抗性格斗武术形式，而非剑、刀术套路演练和套路竞技的形式。

第三节　武术的特点与作用

一、武术的特点

（一）动作具有攻防技击性

武术的技术来源于技击实践，攻防技击性是武术的本质特性，这使武术区别于其他体育项目。踢、打、摔、拿、击、刺、劈等攻防技击动作构成套路的主要内容。散打、短兵则以搏斗的形式体现了武术攻防格斗的特点。随着竞技武术技术的发展，武术套路技击特点有所减弱，散打运动也受到竞赛规则的制约，比赛中以不伤害对方为原则。然而，武术的本质特征——技击性，仍作为武术技术最根本的特点而长期存在。

（二）内外合一、形神兼备的运动特点

武术作为一种文化形式在长期的历史演变中备受中国古代哲学、医学、美学等方面的渗透和影响，套路演练既讲究动作的形体规范，又要求精气神传意、内外合一的整体运动观。所谓内，指人的精神、意识和气息的运行；所谓外，指人体手眼身步的形体活动。内外合一、形神兼备，不仅是一个技术问题，更是中国传统文化特点在武术运动中的集中表现。

（三）内容丰富多彩、兼容并蓄特点

武术内容丰富，练习形式多样，适应不同年龄、性别、职业、体质的人的需要。同时，武术运动不受时间、季节的限制，场地器材也可以因陋就简，有利于广泛开展群众性体育活动。

二、武术的作用

（一）武术的健身作用

武术内容丰富，不同的练习形式和内容有不同的运动特点，对人体健康也有多方面的影响，并相互补充，全面促进人的身体素质的提高。例如，长拳类套路，包括屈伸、回环、跳跃、平衡、翻腾、跌扑等动作，通过内在神情的贯注和呼吸的配合以及人体各个器官的参与，对人体的反应速度、力量、灵巧、耐力等都有良好的促进作用。太极拳注重调息运气和意念活动，长期练习对治疗多种慢性疾病和调节人体内在环境平衡均有良好的医疗保健作用。不同的人可根据个人的不同要求选择适合自己的项目进行练习，发挥武术的健身作用，达到增强体质的目的。

（二）武术的防身自卫作用

现代社会，武术的技击价值已不是很突出，但仍在生活中发挥着作用。搏斗运动虽然属于体育范畴，但其技术方法却与实用技击术十分接近，绝大多数技术动作在实际搏斗中可直接运用。套路运动以技击动作为主要内容，通过练习，能够学到一定的攻防格斗技术，掌握防身自卫的知识和方法，同时也提高了必要的专项身体素质和对意外情况的应变能力。

（三）武术的教育作用

武术在长期的发展中，继承和发扬了中华民族重礼仪、讲道德的优秀传统，十分重视武德教育。武德是习武者把握社会、实现社会价值而建立的自我约束与精神自律体系。尚武崇德的精神可以培养练习者尊师重道、讲礼守信、宽以待人、严于律己等良好高尚的道德情操。同时，还能培养吃苦耐劳、坚持不懈的精神，坚韧不拔、自强不息的意志品质。

新中国成立以来，武术在学校广泛开展，在学校教育中的作用越来越重要，在开展校园体育活动、丰富校园文化生活、培养学生意志品质，增强学生体质方面都做出了很大的贡献。

（四）武术的娱乐、交流作用

武术运动在娱乐身心，增强交流以及传播中国传统文化方面都具有非常重要的作用。武术运动具有很高的观赏价值，套路运动动讯静定的节奏美；踢、打、摔、拿、跌巧妙结合美；内外合一、形神兼备的和谐美可以引人入胜。各种武术活动，包括各种表演、比赛、训练等等都是以精神产品的形式为社会提供服务的。随着我国改革开放政策的逐步实施，国际的交往越来越频繁，我国政府一直有计划、有步骤地向国外派出武术队，积极开展武术国际交流和推广活动，同时也有越来越多的外国留学生来到中国学习中国武术，有力地加强了国际交流。

第二章　武术术语与武术欣赏

第一节　武术术语与谚语

术语是在特定学科领域用来表示概念的称谓的集合，是通过语音或文字来表达或限定科学概念的约定性语言符号，是思想和认识交流的工具。因此，武术术语就是武术学科中的专门用语，是用来表示武术学科领域的概念的称谓或词语。

武术谚语是流传于民间的比较简练而且言简意赅的话语，多数反映了习武者长期的实践经验，而且一般都是经过口头传下来的，它多是口语形式的通俗易懂的短句或韵语，用简单通俗的话来反映深刻的道理，可以帮助习武者掌握习武要领、分辨正误、防止偏废。

一、武术术语

1. 拳　种

武术运动中拳术类别的称谓，一般按照该拳术的创始人、流派地域、运动技术等特点的不同划分命名。如咏春拳、南拳、通背拳等。据1986年全国武术挖掘整理工作统计，流传至今的拳种已达129种之多，几千年沿袭至今形成了各自独特的运动特点。

2. 流　派

主要以技术体系不同加以区分，也有因人因地划分的。如少林派、武当派、峨眉派等。拳派近似于学派，但因受传统观念的影响，其中尚掺杂了非以拳种特点异同的人为的宗派因素。

3. 十八般武艺

十八般武艺，指能使用十八般兵器的本领，亦泛指多种武艺。在十八般兵器中，有属抛射兵器的弓、弩、箭等，属长兵器的枪、棍、戟、大刀等，属短兵器的剑、刀、锏等，属软兵器的九节鞭、流星锤等。

4. 拳　理

拳术理论。主要阐述其演用机理，如：立势行拳、运气发功、盘招使手、攻守走变等，使其拳出之有依，立之有据。流传有序的拳种皆有拳理、拳论、拳诀、拳经等，是指导拳技内容与方法的理论依据。

5. 内家拳

武术流派的说法之一。黄白家在《内家拳法》中详述了内家拳法的内容。晚清时有人把太极拳、形意拳、八卦掌统称为内家拳。

6. 外家拳

武术流派的说法之一。“外家”说法始于清康熙八年（1669年），黄宗羲为王征南撰写的《王征南墓志铭》说：“少林以拳勇名天下，然主于博人，人亦得以乘之。有所谓内家者，以静制动，犯者应手即仆，故别少林为外家……”然而，少林拳家和一些武术家对此说法持不同观点，认为少林拳是内外兼修的拳法。

7. 内　功

内功是通过气的练习而成的，练气讲究呼吸吐纳，多用腹式呼吸法，精神集中，循序渐进，从而达到锻炼身体内部器官的目的。武术中可以提高耐力、战斗力和极强的自我保护作用等。

8. 外　功

外功是指习武者经过专门的系统训练，使身体表皮部分具有比常人较强大的抗击力和抗磕碰的能力，达到外壮的效果的一种武术功法。

9. 轻　功

轻功是通过特殊的训练手段和方法，使练习者身法轻灵、步履迅速、落地轻稳的一种武术功法。

10. 硬　功

硬功是指习武者经过专门的系统训练，使身体各部练出具有比一般人强得多的抗挤压、抗击打、耐摔跌的能力的一种武术功法，是经过长期系统运动累积成的绝活。

11. 桩　功

中国武术内家拳的基本功。广义上的桩功包括动桩和静桩，动桩包括一般的武术套路练习和单式反复练习，而静桩亦称站桩功。现在所说的桩功，一般指静桩。它既是一种体育锻炼活动，又是一种修养身心、陶冶性情的方法。

12. 武术基本功

武术基本功是武术初学者的入门功夫，更是武术教学训练的基础和关键，可分为肩功、腰功、腿功、手形、手法、步形、步法、跳跃、平衡、跌扑滚翻和组合动作等。通过基本功的练习，可使身体各部位都得到比较全面的训练，并能较快地发展武术习练者的专项身体素质，为学习拳术和器械套路、提高运动技术水平打下良好的基础。

13. 基本动作

传统武术称单势。是武术各类技术中能体现该类运动特点的单个动作。主要包括各种手法、身法、步法、腿法和由不同手法、步法、腿法组合成的单个完整动作(如弓步冲拳、弹腿冲拳等)。

14. 四　击

拳术中的踢、打、摔、拿4种击法。“踢”指腿法，包括蹬、端、弹、点、缠、摆、扫、挂等；“打”指拳法，包括冲、撞、挤、靠、崩、劈、挑、砸、撑、搂、拦、采、例、勾、抄等；“摔”指摔法（旧称跌法），包括滑、倒、爬、拿、捋、勾等；“拿”指擒拿法，包括刁、拿、锁、扣、封、闭、错、截等。

15. 八　法

八法是手、眼、身法、步，精神、气、力、功8种方法总称。具体要求是：“拳（手）似流星眼似电；腰（身法）如蛇行步赛钻；精力充沛气宜沉；力要顺达功宜纯。”即练功要求做到手捷快，眼明锐，身灵活，步稳固，精充沛，气下沉，力顺达，功纯青。

16. 十二型

武术中12种运动方式的定型，即动、静、起、落、站、立（单腿）、转、折、轻、重、缓、快等12种动静之势。以自然事物中的12种形象来比喻这12种动静之势，来要求技术。传统的十二型是：动如涛、静如岳、起于猿、落如鹊、立如鸡、站如松、转如轮、折如弓、轻如叶、重如铁、缓如鹰、快如风。

17. 二十四要

武术运动基本技法之四击、八法、十二型的合称。

18. 三　节

武术中将人体和四肢分称“三节”，即梢节，中节，根节。就全身而言，头为梢节，腰为中节，腿为根节；就上肢而言，手为梢节，肘为中节，肩为根节；就下肢而言，足为梢节，膝为中节，胯为根节。武术中素有“三节要明”之说，意即掌握好运动规律和动作顺序。如冲拳要求梢节起、中节随、根节催；蹬腿则要由根节到梢节，节节贯穿。明白人体三节的分法，通过各节的协调运动来体现“四体百骸总为一节”的整体性。

19. 三　尖

三尖指鼻尖、手指尖、足尖。拳械中大部分定式动作都有“三尖相对”或“三尖相照”的规格要求，即上对鼻尖；中对手尖或器械尖；下对足尖，使三尖上下一线贯穿。枪法中对三尖相照的要求是：上照鼻尖，中照枪尖，下照足尖。

20. 三　盘

武术中把人体分为上、中、下三盘。上盘指胸以上部位；中盘指腰胯间；下盘指两腿与两足。

21. 四　梢

（1）指人之血、肉、筋、骨之末。姜容樵著《形意母拳》云：“四梢者，舌、牙、甲、发是也。舌为肉梢，牙为骨梢，甲为筋梢，发为血梢。”（2）指两手手指和两足足趾。

22. 六　合

六合有内三合和外三合之分。内三合指心与意合，意与气合，气与力合；外三合指手与足合，肘与膝合，肩与胯合。另外，也有把六合称为眼、心、意、气、功、力六个方面的配合。

23. 定　势

（1）拳械技术中的固定路数、姿势和变化规律。（2）套路中短暂的停顿或静止状态。

24. 功　架

功架即架势，指姿势和动作。武术的功架是手形、步形、身形、手法、步法以及腿法的总称。

25. 盘架子

“盘”本意为周旋进退。“架子”指基本功架、架势、拳式。“盘架子”指将拳术套路中的动作通过一定的方法承接上下，盘旋左右。多用于体悟动作的规格、劲道、攻防要义和节奏，追求最佳的演练技巧。引申为练习拳术套路。

26. 功 力

功力是指通过武术功法练习所获得的运动能力和专门技能所达到的程度。

27. 劲 力

劲力指完成武术动作时，身体各部位做协调一致的配合，使整体的力量集中传至“力点”的表现形式。劲力具有明显的方向性和技巧性。不同拳种流派的劲力是有所侧重的。在武术套路的演练中，要求劲力顺达。

28. 寸 劲

寸劲是指距离攻击目标很近，或者动作即将完成的瞬间，才突然加速收缩肌肉发出的短促、刚脆的爆发力量。也可以说寸劲实际上就是中国传统武术中，通过内外兼修，使意念力，呼吸力，运动力集中的一种武术劲力的表现方式，看似简单平淡的一击，却足以产生致命的杀伤力。

29. 拳 术

徒手的武术。中国武术中徒手技法的总称，简称拳。古时，有技击、手搏、使拳、拳法、白打等称谓。

30. 器 械

武术演练时使用的器具或兵器的总称。分为长器械、短器械、软器械3种，主要由古代兵器或生产工具、生活用具演变而来。

31. 拆 招

拆招指把武术套路中的招数拆开来进行对练。

32. 喂 手

武术散手训练方法之一。教练或同伴反复或连续以一种方法或组合动作攻击对方，对方则按固定的招式进行防守还击。“喂手”也经常在教学中运用，依照对方所练的招式要求，创造接近实战或与实战相一致的训练条件。一般是用来诱导学生理解某一动作的攻防含义。

33. 一身备五弓

这是练习太极拳的要求，在各个关节微屈放松的情况下，人体躯干、两腿、两臂形成五个弓的蓄劲结构，并以此来解释太极拳的发力。传统太极拳论曰："五弓者，上有两膊，下有两腿，中有腰脊，总称五弓。"

34. 刚柔相济

武术运动中对劲力阳刚与舒缓运用的要求。武术的传统技法中，一般刚为阳劲，柔为阴劲。也有把明劲称刚，暗劲称柔者。"刚中寓柔，柔中寓刚，刚柔相济"，作为各拳派劲法的基本要求，具有普遍的指导意义。

35. 虚实分明

这主要是练习太极拳时的要求。有时作"虚实分清""分虚实"。虚实问题存在于太极拳的每个动作中。虚处寓实，为"实"的过渡，实处不可死，仍含变化的机势。"虚实分明"不是截然的"分开"。

36. 动迅静定

这是长拳类拳术的术语。"动迅"指拳式一动，身体内外齐动，即当动之时，快似迅雷，体现出长拳以手快打手慢的技击特点。"静定"指拳式经一动即快之后，一静皆静，整个拳式突然在瞬间静定似山岳，体现出长拳运动疾动突停的节奏特点。

37. 体用兼备

"体"指事物的形质、本体；"用"指事物的功用、属性。发展其"体"以增强其用；明晓其"用"以规范其体；体是基础，用是目的，两者兼而有之不可偏废。还有以练技健身为体，以运技搏斗为用的说法。

38. 稳马硬桥

这是南拳的基本要求。南拳讲究扎马。扎马就是"桩步"，马步桩是南拳扎马的基础。桩步要求五趾抓地、落地生根，强调"稳如铁塔坐如山"。扎马练好了，腿力沉重，步势方能稳扎，运动才有章法。桥，就是臂的运使，称为"桥手"。练习桥手要求肘臂刚硬，内蓄劲力。"练得硬桥硬马、方能稳扎稳打"，南拳十分重视桩步的稳扎和肘臂桥手的坚硬。

39. 武术运动员技术等级

武术运动员技术等级分为6级：国际武英级（国际级运动健将）、武英级（运动健将）、一级武士（一级运动员）、二级武士（二级运动员）、三级武士（三级运动员）、武童（少年运动员）。凡符合各技术等级的规定标准者，均可申请相应技术等级的称号。如：世界武术锦标赛或世界杯武术比赛中，套路全能或单项前3名者；散打各级别前3名者，均可申请“国际武英级运动员”称号。

40. 武术段位制

中国武术段位制，是中国武术协会制订并实施的一种全面评价习武者武术水平等级的制度。根据个人从事武术锻炼和武术活动的年限，掌握武术技术和理论的水平、研究成果、武德修养，以及对武术发展所做出的贡献，将武术段位分为九段，设：初段位(一段、二段、三段)，中段位(四段、五段、六段)和高段位（七段、八段、九段）。

二、武术谚语

1. 南拳北腿

长江流域和长江以南地区流行的武术手法多，桩步稳，拳势激烈，并常以发声吐气协助动作发劲，需要场地较小，素有“拳打卧牛之地”的说法。而流行于黄河流域及其以北地区的武术，长于腿法，架势大，节奏快，多窜奔跳跃。北派拳术需要场地较大，有“拳打四方”的说法。南北武术各有侧重，特点鲜明。

2. 枪为百兵之王(枪为百兵之贼)

此语形容了枪械的厉害。枪之所以称王、称贼，是因为它在实战中威力强，攻防速度快，富于变化，往往使人防不胜防。

3. 刀为百兵之帅

刀是我国最早出现的兵器之一，也是最普遍使用的兵器之一。大刀可马战，腰刀可步战，朴刀、双手刀则可马步战，较枪灵活得多。刀法讲究劈、砍、拦、扎、抹，又较枪法简单，易为学者掌握。所以，历代战将、士兵中以使刀者居多。

4. 剑为百兵之秀

剑也是我国最早出现的兵器之一，在频繁的战争中，剑逐渐被其他兵器所代替。后来，剑术形成两种风格，一种是长穗剑，称文剑，练起来剑走龙蛇，潇洒飘逸，美不胜收。一种短穗剑，称武剑。其步法灵活，招法多变，动作迅猛，是实用的一种剑法。然而，不论是长穗剑还是短穗剑，都不像刀法那样凶猛外在，而总是伴有一种儒雅之风，特别是它与琴、棋、书并为文人四宝之后，称之为“百兵之秀”，当之无愧。

5. 棍为百兵之首

棍是最原始的兵器，一个不会武术的人在自卫防身中，往往会随心所欲地使用棍子，棍作为兵器使用十分普遍，故称之为百兵之首。明将俞大猷的棍术著作《剑经》，程宗猷的《少林棍法阐宗》是研究棍法的经典。

6. 月棍、年刀、一辈子枪、宝剑随身藏

“年刀、月棍、久练的枪”，这条谚语说明各种兵器掌握时的难易程度是不同的。以刀、枪、剑、棍4种而论，枪是最难掌握的。仅仅是拦、拿、扎这三个动作，不下苦功就很难做得正确。枪法之多是其他兵器技术无法比的，而各家枪法又各有许多深奥之处。相对来讲，棍法较容易掌握，而棍是诸兵器之基础，可说包罗万艺。刀、剑之类则介于枪棍之间。刀是一面刃，剑是两面刃，两者比较，掌握剑术又比刀术为难。

7. 枪扎一条线，棍打一大片

或作“纵枪横棍”。这条谚语强调了枪、棍技击特点的差异。枪有尖，杀伤敌人靠的是枪尖刺扎。棍无尖，杀伤敌人靠的是棍端抽打。枪扎是直线，棍打是横片，故有此谚。然而，棍端装枪头即为枪，枪若去尖即为棍，因此，枪法棍法便有许多交融之处。不少枪法中含有抽、打、劈、砸的动作；而不少棍法中含有戳、挑、撩、滑的动作，则是相互取长补短。

8. 单刀看手，双刀看走，大刀看顶手

这条谚语说明了几种刀法演练时的基本要求。单刀，一般是一手持刀，另一手配合持刀手运动。空手的作用甚至重于持刀手。因为动作的标准与否，协调与否，使用与否，实用与否，美观与否，全在于空手的配合，故说单刀看手。双刀用法及变化是通过两手和两腿的协调配合来体现的，要求两手用力均匀，手法清晰，步法灵活，上下协调。双刀法多为花刀之法，左盘右旋，上缠下绕，倘若步法不灵，则难免双刀互碰，或伤及自身。故行家看双刀第一眼便注意步法是否正确，这便是双刀看走。大刀是长兵器，分量很重，刀法主要在刀刃上运用清楚，才能发挥大刀的威力，评价一个大刀手的水平怎样，只看他握刀时靠近刀盘的那只持刀手的动作，就可以知道他的功夫怎样。因为大刀有点特别，大刀的变化，主要靠顶手来体现。所以大刀看顶手。

9. 剑走青，刀走黑

青指“轻捷便利”，交手之时，能干净利索地躲闪对手的进攻，谓之“走青”；剑本身轻、短、细、薄，对付粗重兵器，难以硬挡硬架硬格，只可逢坚避刃，遇隙削刚，仗着身法便利、招法变换取胜。“黑”，就是说刀法要狠、要猛。刀本身面宽而背厚，交手之时，可大劈大砍，硬挡硬架，刀锋过处，如滚瓜切菜。所以说：“刀走黑。”

10. 内练一口气，外练筋骨皮

武术运动的优越之处，在于内外兼修，不论内家外家，不论武当少林还是南拳北腿，拳理虽众说纷纭，归根到底只有一个，即“内练一口气，外练筋骨皮”，这里所讲的“气”是指人的元气，也就是人的生命力，通过武术锻炼，增强肌体的活力，改善内脏器官的功能，促进新陈代谢。人们就会精力充沛，益寿延年。“筋骨皮”指的是人的形体，通过武术锻炼，可以增强人的体魄，使肌肉发达，骨骼坚实，韧带柔软，皮肤健康，使人有一副健美的体态。

11. 手似流星眼似电，身似游龙腿似箭

这条谚语首先提出了对“手眼身法步”的技术要求，是针对长拳类矫健迅猛的动作而言的，长拳类拳术节奏鲜明，结构紧凑、灵活多变的特点，富有弹性的风格，正是这条谚语启示的内容。其次，这条谚语又启示了格斗中应取的方法。手疾、眼快、身滑、腿捷是战胜对手的重要因素。眼到手必到，手到眼必到，手眼身法步浑然如一，以快制慢，以快制快，以快制柔，以快制刚，乃克敌制胜的原则之一。

12. 内六合，外六合，内外相合益处多

外六合指背与肩合，肩与肘合，肘与手合，腰与胯合，胯与膝合，膝与脚合。习练之时，手一伸，背催肩，肩催肘，肘催手，脚一进，腰催胯，胯催膝，膝催脚。这便是发力的顺序。无论是演练还是技击，外六合都是至关重要的原则。内六合是指脑与心合，心与意合，意与气合，气与力合，力与筋合，筋与血合。脑子可以产生意识，意识可以导引气的流通，气可以促使劲力的顺达，力可以使筋骨坚强，筋骨坚强便使身体的气血充足。

13. 练劲不练力，劲力打拙力

凡能抬举、提拉重物而不能运力达于四肢者，武术家称之为有“力”，但叫它为死力、拙力。而能将全身之力运送于一拳一脚甚至一指之端者，武术家称之为有“劲”，也叫劲力。“劲”有透力，可由表及里；“力”无透力，仅及于表面。“劲”有爆发力，但不能持久；“力”能持久，但无爆发力。武术家能以手掌击石成块，以指钻砖成洞，足见透力之强，力大者不能。力大者可日负百斤，往来百里，持久力强可见一斑，武术家不能。武术家可一拳跌人丈外，一脚致人非命。可见“力”与“劲”是不大相同的。练武术讲究练的是“劲力”，而不是“死力，拙力。”如果只想练出力量，那么练举重、健美等项目会更有效。

14. 打拳不遛腿，必是冒失鬼

遛腿，就是踢腿，是武术的基本功之一。无论是初学者还是老练家，都必须坚持练习。因为腿是全身的支柱，务必根基牢固，根基不稳，重心不稳，武术就没有练到家。遛腿的作用很大，首先，将腿遛开，筋骨柔软，肌肉不僵，可减少韧带和关节的损伤。其次，腿功好利于表现技术动作。腿功好，武术功夫便好，腿功是表现技术的基础。第三，腿功好利于提高拳艺。武术技术多以身体下盘为基础，坚持遛腿，加强腿部力量性和柔韧性，是掌握高难度动作的关键，是提高武术水平的重要手段。从技击角度看，也只有在腿部关节柔韧性高的条件下，才能敏捷而准确地运用各种腿法。

15. 练武不活腰，终究艺不高

腰为周身之主宰，腰活则周身灵活，腰皱则周身僵硬。腰功是集中反映身法的关键。肩、肘、腕、胯、膝各部动作全靠腰来支配、协调，所以俗话说：腰为一身之轴。腰功扎实，达到“腰如蛇行”的程度，翻、转、折、叠、拧的动作便会随意自如。腰功还是技击动作的基础，指上打下，虚左实右、明进暗退、一闪即击等都离不开扎实的腰功。

16. 练拳无桩步，房屋无立柱

站桩是各门各派武术都强调的功法，也是俗话讲的“私功夫”中的一种。站桩是以静站方式调养气息、增长劲力的方法。称其为桩，是因为习练者要像木桩一样静止不动，久练之后，就可以脚底生根，像木桩一样扎实稳固。桩功可粗分为养生桩和技击桩两种。一个习武者，如果缺少桩功，脚底无根，那么演练套路，就会流于轻浮，交手实作，也会气浮身飘，容易被对手借力使力而打倒。

17. 拳打千遍，其义自现

这条谚语告诉习武者，只有通过长期的苦练，才能体味到武术的奥妙，才能表现出武术的内涵，因此，在锻炼的过程中，应当不断地纠正缺点，使功法、技术、姿势、动作不断趋于正确。

18. 打拳不练功，到老一场空

打拳不等于练功。拳，指锻炼的方式；功，指锻炼的实效。光注意锻炼的方式而不注重锻炼的实效，就叫“打拳不练功”。打拳若不练功，拳术即使打得再好看，终是花拳绣腿。练功，就是为了实用。练功的含义很广泛，如增加力量性，提高柔韧性，加强灵敏性，锻炼耐久力，增大呼吸量，提高反应力等，都属于“练功”的范围。技击方法的熟练掌握，技击能力的具备，养生术的通悟与应用，也是练功的内容。练功的主旨在于练成过人的功力。因为拳人人可打，功却不能人人练成。这条谚语也作“拳无实功，一场空空”。

19. 不怕千招会，就怕一招精

从散打技击角度而言，贪多嚼不烂是每个选手应当大忌而特忌的。武术招法很多，千变万化，要想全部掌握实在是难上加难，因此，练习散打技击，除了要博学多闻，广泛涉猎外，还必须精通几招。这几招应是自己的拿手。应当是别人不会的我会，别人会的我精。如是人人皆晓的招数，就要练到别人达不到的火候，这才叫绝招。如果光会许多招，实际运用时却生疏得很，那反倒不如精通几招奏效得快。当然，如果千招会千招精，那是上上等了。

20. 打拳容易走步难

练套路，只要准确记忆，认真模仿，反复演练，时间不需很长便能掌握，有的人还能练得非常好，可是有的运动员虽在比赛中取得了很好成绩，基本功也很好，却不能实作，就是因为不会攻防进退的步法。套路是死的，越练越熟，步法是活的，需要针对对手的动作、对手的技术水平，对手的身体素质在实战中变换。平时练习步法，尽管可以对单一步法反复练，对多种步法综合练，但是，如果缺少与对手实战中的练习，就依然是“纸上谈兵”，所以说，“打拳容易走步难”。

21. 步不活则拳乱，步不快则拳慢

步法在拳术中占据着十分重要的地位，因为步法起着调动周身各个部位以实施各种技击战术的重要作用。技击中的进攻后退，拳打脚踢，肩顶臂撞，无不倚仗步法来保持自己重心的稳定，还要靠步法的变化来动摇对手的重心，破坏其平衡。步法对，拳脚则顺，步法精，出势则疾，进退则灵。步法是协调手法、身法、腿法的基础。步法练好，才能保证手法、身法、腿法的施展运用。

22. 拳讲三术，技、医、艺

技术、医术、艺术是武术的三大性能。武术的缘起就是用来搏斗的，所以，无论何门何派，无论套路散打，无论内功外功，只要属武术范畴，都以技击为中心，都讲技击方法，这便是武术的技击性。同时，练武可以增强体质，调节各器官的功能，进而可医治部分疾病，达到益寿延年的目的。武术骨伤科、点穴按摩、气功导引是武术范畴中的重要内容，是武术不可分割的一部分，这便是武术的医学性。武术本身是件艺术品，他体现着动与静、快与慢、正与侧、高与低之美，它是力量之美、速度之美、节奏之美、技巧之美、塑型之美的统一。这便是武术的艺术性。

23. 行家一落眼，便知深和浅；行家一出手，便知有没有

对练武术的人来说，经验非常重要，尤其是在技击方面，一个武术行家，必经多识广，有丰富的格斗经验。经验的积累，便会使他对对手的姿势步法，以及身体各部位的微小动作都能产生敏锐的反应，并及时做出准确的判断，得出恰当的结论，从而采取相应的措施。行家的眼睛似乎能洞悉一切，看一看对手的拳势，便能知晓属于哪门哪派，所学的是深是浅。行家手脚似乎能感觉一切，只要触及对手的身体，便能知晓功力的大小，应变的迅速。这一切都是从经验中来，从实践中来。没有实践经验的人是永远达不到这种程度的。

24. 动如涛、静如岳、起如猿、落如鹊、立如鸡、站如松、转如轮、折如弓、轻如叶、重如铁、缓如鹰、快如风

这12句谚语概括了对长拳类武术风格的要求。它在动作、姿势、节奏、速度诸方面都做了恰当的比喻。使习练者能通过喻体的形象理解抽象的原则。拳种不同，风格便不一样，但长拳类的几十个拳种，像少林拳、查拳、华拳、花拳、戳脚、翻子、八极燕青等，风格节奏固然有很大区别，但总原则，大体不离这十二句。

25. 稳如泰山，静如处子

这条谚语强调的是在技击中应当保持一种镇定的情绪，有了这种情绪，就会不慌不乱，不急不躁，不受干扰，就会不上当，不受骗，而能以极大的耐力与万分的机警，全神贯注，力量集中，敏锐地观察对方的表现，准确地察觉对手的意图，从而及时、准确、恰如其分地出击，达到制胜的目的。技击，最忌心浮气躁，因为它会使自己陷于混乱之中而不知从容对敌，从而露出破绽，陷己于被动，发挥不出原有的水平。

26. 运动在身，用意在心

练武动身不动脑，势必四肢发达，头脑简单，所学生硬，缺少变化，只知其一，不知其二，活手变为死手。只有身动心也动，不断探究拳术奥妙，技艺才会日日提高。

27. 前手齐眉三尖对，鼻尖手尖与足尖

三尖者，指鼻尖、手尖、足尖。三尖相对，指拳尖直出应与鼻尖平，又要正。偏于左则右边空虚，偏于右则左边空虚。脚尖也要与鼻尖相对，如若不对，身前俯则后足无力，身后仰则前方无顾。手尖与脚尖要齐，脚踢手随之。手足齐起齐落。拳打脚进之，不能有前后左右的偏斜。三尖相对是武术动作协调一致的要领，无论弓步拳、马步拳、虚步拳都应如此。以三尖相对的方式站桩，还能很好地调节气息。

28. 根于脚，发于腿，主宰于腰

脚有支撑之能，练武术最忌脚无根。脚无根，则身易晃，重心易不稳。以脚踢人，力发于腿。大腿带小腿，小腿催脚，力量贯于脚上，脚似鞭梢，产生巨力。腰为周身之轴。四肢运动全靠腰来主宰。腰一动，上可使背催肩，肩催肘，肘催手；下可使胯催膝，膝催腿，腿催脚。脚无根，腿难发，腰无力，腿也难发。要想腿击有力，当先练好桩功与腰功。

29. 手是两扇门，全凭腿踢人（足踢敌人莫留情，全凭手领门路清）

北方流行的拳种中，腿的用法在整个技法中占有很大比重。腿的力量大，腿比胳臂长，脚上穿鞋，比赤裸的拳头坚硬。腿法变化多端，却又迴然自如，踢、蹬、踹、碾、圈、摆、撩、踩、掀、扫是腿法的基本动作。腿法作为散打招法要做单项训练，同时还要“操腿”，绑缚重物踢腿，踢木桩等，使腿更加坚硬。戳脚、弹腿、迷踪都是讲究腿法的拳种。注重用腿，却不能忽视手的作用。在技击中，手有领路的作用，一要领出腿踢的方位，手虚脚实；一要领走对手的注意力，乘机而踢。手还有防守的作用，像两扇大门一样，要想诱敌深入，就敞开大门；要想拒敌于外，就闭大门，令其无懈可击。无论是开是闭，均以腿击中对手为目的。这条谚语说明了手与腿作用的区分，又指出了手与腿配合的方法。

30. 拳到眼到，眼到拳到，拳眼齐到，招招有效

这条谚语讲述了眼光与拳脚在技击中的3种配合方法。武术家在熟生巧，巧生精之后，便能以下意识的动作应付突然袭击。拳脚的动作往往走在眼光之前，这时，眼光就要迅即追随拳脚而去。这便是拳到眼到，也叫眼随拳。交手中，目光锐利的拳师一眼能看出对手的意图动向，这就要目光所及，拳脚即到，看哪打哪，这便是眼到拳到。武功达到化境，拳眼的速度几乎一致，技术的准确性和灵活性极高。心中一念，拳眼齐到，这也叫拳眼相随。

31. 眼观六路，耳听八方

观察对手躯体某一部位的变动，即可判断随之而来的招式样。听到微弱的风声，便能识别出突然的袭击。凭借皮肤的接触，就会感知对手力量的大小、虚实和进攻方向。这是习武者在技击素质上应达到的要求。要达到这个要求，需通过长期训练，反复强化击打刺激，形成条件反射，使感知信号向大脑中枢的传递，大脑指令向拳脚动作的传递在瞬间完成。

32. 兵贵神变，势势相连

变，指变势，也即变招。交手放对，立守一势，难以应敌。因此，须立一势，又立一势，复换一势，迅速变换，才能使敌手应接不暇，而胜势在我。如果只仗着一种招法，就会被对手洞悉虚实，不能全胜。

33. 拳无拳，意无意，无拳无意是真意

武术练到了化境，伴随而来的是举手投足均能收到技击效果。拳脚用不着摆好动手的架势，思想用不着提前做好应对的准备招式，大脑皮层对人体手足的控制已达到了自动化的程度，对突然袭击可以本能地做出迅速的判断和反应。意识与行动在刹那间似乎割断了联系，似乎全凭着本能应对，这便是无拳无意，是习武者追求的真意。然而，无意绝非真正的无意识，恰恰是意识敏捷的反应。由意识到动作之间的指令传递快速几乎使意识与动作同时发生，看起来好像没有经过大脑思考便行动一样，无拳也绝非真正的无拳法，而是不拘泥于拳法，相敌之情形而行之。无拳无意，是武术的最上乘境界。

34. 不招不架，只是一下。犯了招架，十下八下

我国武术技击的特点是连续快攻，原则是速胜。即使后发制人，也要后发先至，双方交手不过是见上几招的事。几分钟，几秒钟之内就要见个分晓。像武打电影中那种长时间的打法，并不体现武术技击的原则。因此，武术便要求拳手灵活巧妙，勇敢刚劲，在刹那间解决对手。即“不招不架，只是一下”。如果几招之内不能打败对方，那就说明自己的本领不足以速胜，就需要长时间的较量下去。这时便不仅是比武艺，还要讲体力，拼气力了。

35. 虚则实之，实则虚之，虚实互用，刚柔相济

交手过招，不能实心眼。正所谓“兵不厌诈”，“虚虚实实”。虚实的含义有两个。一是变招的虚实，即散手的每一招都可虚可实。如引手（或称逗手）是虚招，可诱敌出击，如敌尚不及反应，这一招可变为实招，可劈、可拍、可抽、可抓。崩拳是实招，应当一拳制胜。倘若被敌遮拦，就应当即刻抽拳撤劲变为虚招。这就是“彼能破，手则虚，彼不敌，手则实”。二是相搏中的虚实。就是欲打其上，先向下取之；欲取其左，先向右引之；欲制其于绝地，先卖破绽以诱之。除此以外，还要善于观察对方的虚实。彼手上击，下方必虚；左击，右方必虚，前击，后方必虚；脚踢，支撑腿必虚。避实就虚，乘虚而入。虚劲，是试探性的，因此劲力蓄而不发，柔韧有余。实劲，是要一举奏效的，因此劲力充足刚劲。技击要求“虚实互用”，那么劲力的掌握便应是“刚柔相济”了。

36. 柔中有刚攻不破，刚中有柔力无边

刚是硬，柔是软；刚是强，柔是韧；刚，指拳的冲击力量快速、巨大、有爆炸性；柔，指运动绵绵不断、游刃有余，和缓冲击，化解力量。刚，还指气盛神旺，宁折不弯，柔，还指坚韧不拔，不屈不挠。柔中有刚，是说柔拳中应当时而运用寸劲爆发。如太极散手中的发力。刚中有柔，是说刚拳中应当讲究顺带粘随。如翻子拳散打中的化劲。有刚无柔，刚碰刚，两败俱伤；刚碰柔，尽随人走。有柔无刚，柔碰柔，取胜无由；柔碰刚，难以争强。有刚有柔，才能在技击中运用自如。可以敌刚我柔，敌柔我刚。或以柔制刚，以柔克刚；或以刚制刚，以刚克柔。随机应变，任意而为，则无往不胜。

37. 未曾学艺先学礼，未曾习武先习德

武德是武术的灵魂，崇尚武德是武术界几千年来的优良传统。武术是一把双刃剑，品德好、懂礼节的人能够用它防身、行善、行侠仗义，品德不好的人可以用它做坏事。学武术可以使人更好地帮助别人，也可以使人做坏事更方便。因此，作为中国武术的精神和灵魂，武德是非常重要的，从古到今各武术门派都非常重视武德修养。所以说未曾习武先学礼，未曾习武先习德。

38. 习武者当立志，人无志事不成

立志是指要有远大的理想。习武之人也要给自己树立所要达到的目标，这样才能使自己有信心、有恒心、有决心把武术练好，刻苦练习，不屈不挠地去实现它，不仅能练习技术、技法，还能培养人的意志品质。做事与练武术一样，没有志气的人，不能够吃苦耐劳的人，事情也不会做好。

39. 手足原无异态，拳术何必分门，少林武当终归于拳，内家外家总是一家

一个正常的人都有两手和两脚，拳术的运动形式都离不开手足，无论是少林门还是武当门都属于拳术，修习内家拳、外家拳都离不开刻苦训练，所以练习拳术都是为了健体强身、抗暴自卫，继承中国传统武术文化。倡导练武术者应打破门户之见，相互学习，共同提高。

40. 真人不露相，露相不真人

"真人"原指得道的人，这里指具有一定功夫的习武者。武术过去被人们作为一种修炼形式，具有一定的神秘性，不轻易示人。另外在武术技法的要求上也有"拳打两不知"的说法，练习方法与训练手段不让人看到，这样在对敌时，胜算的概率就会大一些。如果自己所练别人非常了解，对手就会有了应对的措施，胜率就会减小。所以有一定功夫的习武者不会轻易在人前显露自己的功夫。

41. 曲不离口，拳不离手

练武的人应该经常练，唱歌的人应该经常唱。比喻只有勤学苦练，才能使功夫纯熟。

武术的练习，不是只靠脑子记、心里空想的，一定要天天努力练习，有时间性的付出，才能获得成绩。在进行身体修炼的时候也要注意武德和道的修为，也就是内外兼修。只有经常锻炼，每天都不停歇，才能使技艺纯熟。

42. 艺高人胆大，胆大艺更高

艺是指技艺、技术和技能而言；胆则是坚强的斗志和良好的心理素质。

掌握了一定的功夫及散手技术，有恃无恐，其胆量就大，必胜的信心就足，信心足使气盛胆壮，气盛胆壮使拳技得以充分发挥，甚至超水平的发挥，这就是精神在则胆力生，胆力生则精神满，精神满则气势险，无惧无畏，勇往直前。一些平时胆小的人也因技艺提高，有功夫后，胆子增大了。这正是"怯敌还是艺浅，善战必定艺精"（戚继光语）的写照。

43. 千拳归一路，一路通，百路通

武术中拳种多彩纷呈，因为拳种的不同，在具体技法、手法、腿法、身法、步法上会有差别，甚至很大，但在技击原则、原理及精神实质上都是一致的。只是练法不同，步骤不同而已。所以，在练习中一定要多动脑，勤于揣摩、分析，掌握武术的运动规律及原理。这样就可以把所学的、练的、听的、看的融会贯通并有所创新。

44. 朝练寅，晚练酉

古人讲："朝练寅，夕练酉。"寅时指早上3点至5点，酉时指晚上5点至7点。习武者讲究练功的时间与方向，这是从古代医学理论中吸收来的。《黄帝内经》中就说，肾有久病者，可以在寅时面朝南，精神不乱思，闭气不息7遍，以引颈咽气顺之。中医《子午流注》把12个时辰分成六脏六腑。寅时是肺气旺的时刻，酉时是肾气盛的时刻。肺主气，肾纳气。寅酉二时练功，是练先天后天之气，于身体大有益处。新兴的"生物节律学"认为生物体内存在生物钟现象，生命活动会随时间变化发生周期性变化。这与中医《子午流注》的道理有相似之处，足见这条谚语有一定的科学性。

45. 拳后满身汗，避风如避箭

人的身体在正常情况下出汗，大大有助于肌体的新陈代谢活动。能够及时散发掉肌体内过多的热量而调节体温，又可通过汗腺发汗这个"渠道"排泄代谢废物。练武术，运动激烈，体内产生热量愈多，出汗就愈多，这时吹风，封闭了汗毛孔，影响了体热的散发，影响代谢废物的排泄，这对健康是极危险的。所以，拳后出汗，应当先用毛巾擦干，在气自平定下来后，可吹一吹风，洗一洗澡。

46. 坐如钟，立如松，行如风，卧如弓

钟放于案，不偏不倚。人坐如钟，挺直躯干，胸廓不受压挤，内腔开阔，心脏能顺利进行血液循环，肺脏便于进行气体交换，胃脏有利于消化。对青少年来说，还有利于锻炼他们具有健美的形体。

立松之姿，挺拔俊俏。人立如松，不仅有利于形体及循环、消化、呼吸方面的功能，还能调节全身肌肉运动，是锻炼肌肉骨骼最普遍最简便的方法。

四季之风，善行多变。人行如风，既能培养人的朝气蓬勃的气质，灵敏反应的能力，同时对人体骨骼、肌肉及各部内脏器官是个良好锻炼。

长弓微屈，求其自然。人卧如弓，是最科学的睡姿。按中医说法，这种睡姿可防成熟男子遗精。而精可生气，气可生神。精气神健旺，人气健康。按西医说法，似以右卧姿为最，可减少身体对内脏的压迫，可促进胃肠蠕动。这种睡姿，可提高睡眠质量，从而有利于解除疲劳，恢复精神。

47. 内外合一，形神兼备

这条谚语是讲内功外功应当和谐统一。手眼身法步指外，即指身体表面各部的动作，也即指“形”；精神气力功指内，既指精神、气质、意识的体现及人体内脏器官的锻炼，也指“神”，内外浑然一体，密不可分。内与外、形与神有着相互制约、相互促进，相辅相成，不可分割的密切关系。

第二节　武术比赛的欣赏

武术不仅有防身自卫、健身作用，还具有观赏价值。观看武术比赛，是提高自己精神生活水平的一个重要途径，为了更好地享受武术比赛带来的欣赏价值，观看者同样要有欣赏武术比赛的能力。俗话说：“内行看门道，外行看热闹。”欣赏武术比赛，应着重从以下几个方面进行观摩。

一、动作准确而稳健

动作准确，乃是要求每一动作由动到静，无论动作路线、身体形态都要符合规矩，如同写大楷字一样，一笔一画都要符合标准，整体来说又是匀称、工整。其次，动作要稳健。武术动作常常是在快速运动中戛然而止，“一静无处不静”，做到“动迅静定”。也就是说，动作成型既要快，又要稳定，不能慢慢腾腾，也不能摇摇晃晃。另外还有一层意思，除了准确、稳定以外，还要劲健，通常说动作的力度好，华拳中说要有“筋骨”，如头歪、颈软、拱背、弯腰、屈腿，动作松软，那就是既不美，也不健。

二、方法清楚而完整

方法首先讲究要“清”。要交代得清楚，自己对这一动作的内涵就须很清楚，如手法中有推、叉、托、按、切、砍、劈、盖、挂、撩等掌法，又有冲、撞、劈、砸、弹、贯、崩、挑等拳法，以及顶、盘、磕、压等肘法，各有各的具体要求和用法。演练时，不仅路线要清，部位要到，力点要准，还要得法，符合它的运动规律。其次要做得完整，所谓“招要圆”正是指完整而言的。它不仅要求做得有头有尾，过程也清楚，而且要求身体各部位达到高度的协调，因为一个完整的动作常常是综合性的，要有手（腿）法、步法、身法、眼法的协同。

三、劲力顺达而充实

力度和劲力不是同一个概念。力度是人体维持一定姿势时内含的劲，相关的肌肉保持一定的紧张度，使人感到劲健有力。武术中的劲力通常指发劲，尤其是在击打动作中用一定方法打出来的力量，武术中常要求具有“寸劲”，也就是讲究爆发力。不同的拳种发劲方法不同。诸如刚劲、柔劲、化劲、崩撼劲、翻扯劲、缠丝劲等等不一而足。

四、节奏鲜明而多变

武术中动与静变化，形成了独特风格的节奏，它要求要么不动，动则快如疾风；要么不停，停则骤然止住，周身无处不停。应当说动静分明是武术最基本的节奏特点。

五、精神饱满而贯注

武术中有“外练筋骨皮，内练一口气”的说法，“一口气”是一种内在东西的表现，其中也包含精神。精神既要饱满又要贯注。

六、风格独特而突出

武术有众多的流派，它们有各自的特点，呈现出绚丽多彩的流派风格。因此，优秀的武术运动员在表演中还能充分表现不同拳种的风格特点。如华拳的潇洒大方，查拳的紧凑敏捷，八极拳的浑厚有力，通背拳的苍劲舒展等等。

以上6个方面虽说还不能全面表达武术的美之所在，但也是其中的几个主要方面了，运动员如若能做到，应算是有较好的功夫和意识了。

欣赏武术比赛，除了这几个方面外，如果能对武术比赛的形式、方法和规则有一个大体了解，也有助于更好地欣赏武术比赛。如果能够对武术的基本知识，如武术的定义、内容、特点、作用、武术的历史、现状和发展方向有一个大致的了解，对武术在总体上有所了解，对看懂武术比赛和表演则又会更上一层楼。

另外，在观看武术比赛时，对于运动员的精彩表现及时地予以鼓励或呐喊助威，更能激发运动员的表现，比赛会更精彩。

最后，还要注意必要的赛场规定，不要随意的走动，不要吸烟，介绍运动员裁判员时要鼓掌等。

第三章　武术套路基本技术

套路是中国武术的主要运动形式之一。尽管武术有不同的拳种和流派，但武术套路的基本技术大致相同。本章重点介绍长拳类武术套路的基本技术，它是学习其他武术套路技术的基础。

第一节　手形手法与步形步法

一、基本手形与手法

（一）基本手形

1. 拳

动作说明：四指弯曲握紧，拇指扣于食指第二指节处。（图3-1-1、图3-1-2）

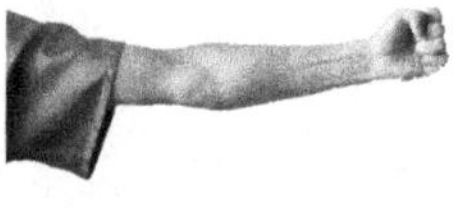

图3-1-1

图3-1-2

图3-1-3

2. 掌

动作说明：四指伸直并拢，拇指回扣。（图3-1-3）

3. 勾

动作说明：五指捏拢，指尖向下。（图3-1-4）

图3-1-4

（二）基本手法

1. 冲　拳

动作说明：两拳拳心均向上抱于腰间，右拳向前伸臂，即将伸直的瞬间加速拧转，拳心向下，力达拳面，目视前方。左右交替进行（注：拳眼向上为立冲拳）。（图3-1-5、图3-1-6）

2. 隔挡冲拳

动作说明：身体左转带动左臂屈肘逆时针画弧在体前格挡，同时向前冲右拳。（图3-1-7）

图3-1-5

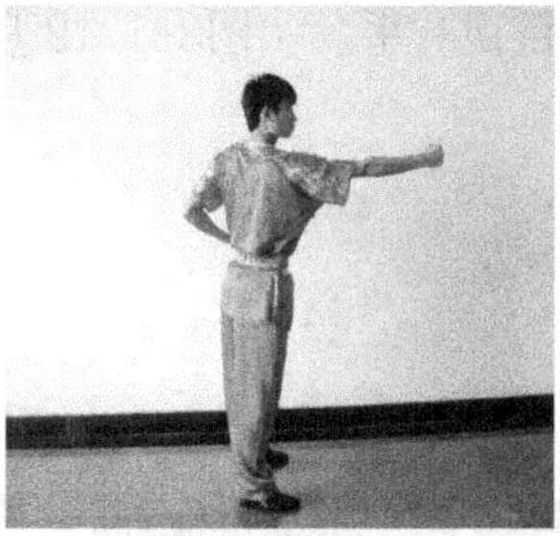
图3-1-6

图3-1-7

3. 架打冲拳

动作说明：右拳向左、向上方画弧架起，左拳快速向前冲出，目视前方。（图3-1-8）

4. 掼　拳

动作说明：右拳从体侧斜下方向体前上方弧形横击，肘微屈，拳眼向下，目视右拳。（图3-1-9）

图3-1-8

图3-1-9

图3-1-10

5. 推 掌

动作说明：两掌心均向上抱于腰间，右掌向前伸臂，快伸直的瞬间前臂内旋，小指一侧向前猛力推击，目视前方。（图3-1-10）

6. 砍 掌

动作说明：两掌心均向上抱于腰间，右掌从右侧向前、向左斜前方，手臂外旋砍击，力达手掌外延，目视左手。（图3-1-11）

7. 穿 掌

动作说明：身体微右转，右手抱于腰间，左手压掌于右侧，右手从腰间经过左手的手背上方穿出，力达指尖，目视右手。（图3-1-12①②）

图3-1-11

图3-1-12①

图3-1-12②

8. 亮 掌

动作说明：两拳抱于腰间，右拳变掌，经体侧向右、向上划弧，至头部右前上方时，抖腕亮掌，肘微屈，臂成弧形，目视左方。（图3-1-13①②）

图3-1-13①

图3-1-13②

二、基本步形与步法

（一）基本步形

1. 马　步

（1）动作说明：两脚平行开立略比肩宽，屈膝半蹲，身体重心放在两脚之间。（图3-1-14）

2. 弓　步

动作说明：左脚向前上步并屈膝半蹲，右脚在后，右腿伸直脚尖内扣，身体向前，目视前方。（图3-1-15）

3. 歇　步

动作说明：左腿在前，右腿在后，两腿交叉靠拢拳蹲，左脚脚尖外展，右脚脚跟抬起，臀部坐于右腿接近脚跟处，目视前方。（图3-1-16）

图3-1-14

图3-1-15

图3-1-16

4. 虚　步

动作说明：右脚脚尖外展45度，屈膝半蹲，左脚脚尖向前虚点地面，腿微屈，重心落于右腿，目视前方。（图3-1-17）

5. 仆　步

动作说明：右腿屈膝全蹲，大腿和小腿靠紧，臀部接近小腿，全脚着地，脚尖和膝关节微外展，左腿伸直，脚尖里扣，目视前方。（图3-1-18）

6. 丁　步

动作　说明：右腿屈膝半蹲，右脚全脚着地。左脚贴于右脚内侧，脚尖着地，目视前方。（图3-1-19）

图3-1-17

图3-1-18

图3-1-19

（二）基本步法

1. 插　步

动作说明：重心左移，右脚经左脚后面，向左斜后方伸出挺直，脚前掌着地，重心偏于左腿并屈膝，目视左侧。（图3-1-20）

2. 盖　步

动作说明：重心左移，右脚经左脚前面，向左斜前方上步，脚尖外展。重心偏于右腿并屈膝，目视前方。（图3-1-21）

图3-1-20

图3-1-21

第二节　基本腿法

一、正踢腿

动作说明：两脚并立，两手握拳，两臂侧平举，左脚向前上步，右腿伸直脚尖勾起向上踢腿，身体保持直立，目视前方。左右交替练习。（图3-2-1）

二、侧踢腿

动作说明：右脚向前上半步，脚尖外展，身体略向右转，左臂前伸，右臂摆至体侧，左脚蹬地随即脚尖勾紧向左侧踢起，同时右臂向头上方亮掌，左臂屈臂摆至右肩前，目视前方。可交换练习。（图3-2-2①②）

图3-2-1

图3-2-2①

图3-2-2②

三、里合腿

动作说明：左脚向左前方上半步，右脚脚尖勾起里扣并向左上方踢起，经面前向左侧上方直腿摆动，落于左脚外侧。左手掌可在左侧上方迎击右脚掌（击响），也可不做击响动作。眼向前平视。可交换练习。（图3-2-3①②③）

图3-2-3①

图3-2-3②

图3-2-3③

四、外摆腿

动作说明：左脚向左前方上半步，右脚脚尖勾起里扣并向左上方踢起，经面前向右侧上方直腿摆动，落于左脚旁。右手掌可在右侧上方击响，也可不做击响动作。眼向前平视。可交换练习。（图3-2-4①②③）

图3-2-4①

图3-2-4②

图3-2-4③

五、单拍脚

动作说明：两脚并立，两手抱拳于腰间，左脚向前上步，右腿伸直，右脚绷脚面，向上踢摆，同时右拳变掌，掌心拍击右脚面，目视前方。左右交替练习。（图3-2-5①②）

图3-2-5①

图3-2-5②

六、弹　腿

动作说明：右腿屈膝提起，上体正直，右脚绷脚随即快速向前弹击，力达脚尖。左右交替练习，目视前方。（图3-2-6①②）

图3-2-6①

图3-2-6②

七、蹬　腿

动作说明：右腿屈膝提起，上体正直，右脚勾脚尖随即快速向前弹击，力达脚跟。左右交替练习，目视前方。（图3-2-7①②）

图3-2-7①

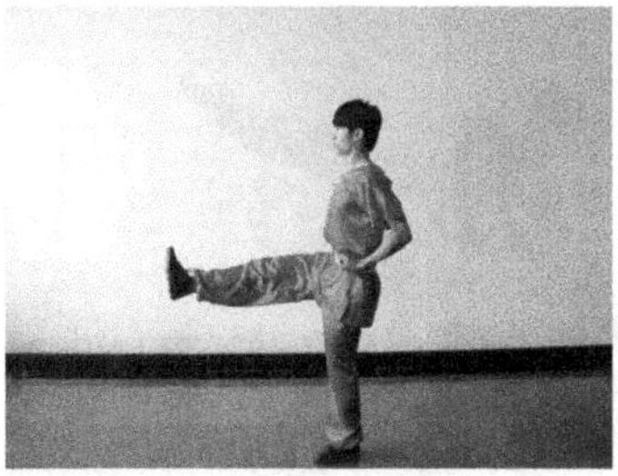
图3-2-7②

八、勾踢腿

动作说明：左腿弯曲，膝关节外展同时身体左转，收腹合胯，带动右腿勾脚向左前方弧线擦地勾踢，力达脚弓内侧。目视勾踢方向。（图3-2-8①②）

图3-2-8①

图3-2-8②

九、踹　腿

动作说明：右腿支撑，左腿屈膝左侧提起，脚里扣，脚跟用力向上左侧上方踹出，目视踹腿方向。（图3-2-9）

十、鞭　腿

动作说明：右腿支撑，左腿屈膝左侧提起，扣膝，崩脚背；随即迅速挺膝小腿弹击，并快速回收小腿，力达脚背，快速成预备姿势，目视鞭打位置。（图3-2-10）

图3-2-9

图3-2-10

第三节　基本组合

一、五步拳组合

（一）预备式：并步抱拳

图3-3-1

动作说明：两脚并步直立，两拳迅速抱于腰间，同时头向左摆动，目视左方。（图3-3-1）

（二）弓步冲拳

动作说明：身体左转成左弓步，同时左手平搂收回腰间抱拳；右拳向前冲出，目视前方。（图3-3-2）

（三）弹腿冲拳

动作说明：右脚蹬地提起向前弹腿，同时收左拳，冲右拳。（图3-3-3）

图3-3-2

图3-3-3

（四）马步架打冲拳

动作说明：右腿下落，身体左转90度成马步，同时左拳变掌上架于头上方，右拳从腰间向前冲出。（图3-3-4）

（五）歇步冲拳

动作说明：身体左转，左掌下落收回腰间抱拳，同时右拳变掌下盖，手心向下，左脚顺势后插成右歇步，同时右掌收回腰间抱拳，左拳顺势冲出，目视前方。（图3-3-5①②）

图3-3-4

图3-3-5①

图3-3-5②

（六）提膝仆步穿掌

动作说明：身体左转，同时两拳变掌，顺势右手由左手背上穿出，手心向上，左手收至右肩前，上动不停，左脚落地成仆步；左手掌指朝前，沿腿内侧穿出，目视前方。（图3-3-6①②）

图3-3-6①

图3-3-6②

（七）虚步勾手挑掌

动作说明：身体重心前移，右脚向前成右虚步。同时左手由上向后成勾手，右手顺势向前挑掌，目视前方。（图3-3-7）

（八）并步抱拳

动作说明：左脚向右脚靠拢成并步。同时左勾手和右掌变拳，回收抱于腰间，目视前方。（图3-3-8）

图3-3-7

图3-3-8

二、组合短套路

预备式：并步对拳

动作说明：两脚并步直立，两拳弧形摆于腹前，拳心向下，同时头向左摆动，目视前方。（图3-3-9①②）

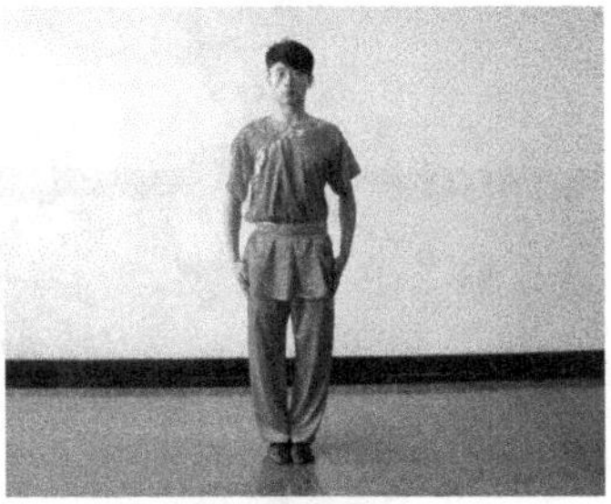

图3-3-9①

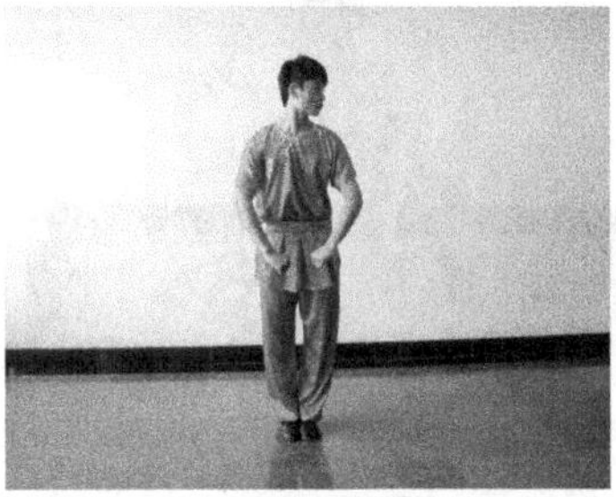

图3-3-9②

（一）并步双撞拳

动作说明：两拳迅速由腰间向上撞出，拳心向内，高于头平，目视前方。（图3-3-10）

（二）马步双劈拳

动作说明：左脚向左开步，成马步；同时两拳从上向下左右劈拳，目视左拳。

（图3-3-11）

图3-3-10

图3-3-11

（三）马步下冲拳

动作说明：两脚不动，两拳由外经上向下冲拳，目视前方。（图3-3-12）

（四）弓步隔挡冲拳

动作说明：身体左转，左脚上步成左弓步；同时左拳格挡，右拳向前冲拳，目视前方。（图3-3-13）

图3-3-12

图3-3-13

（五）上步弹腿冲拳

动作说明：重心前移，右腿提起小腿迅速向前弹踢；同时，左拳向前冲拳，右拳收于腰间，拳心向上，目视前方。（图3-3-14）

图3-14

（六）马步双冲拳

动作说明：身体左转，右脚上步成马步；同时，两拳左右冲拳，目视右拳。（图3-3-15）

（七）马步下压肘

动作说明：两脚不动，两拳由外经上向下压肘，目视前方。（图3-3-16）

图3-3-15

图3-3-16

（八）弓步隔挡冲拳

动作说明：身体右转，右脚上步成右弓步；同时右拳格挡，左拳向前冲拳，右拳收于腰间，拳心向上，目视前方。（图3-3-17）

（九）上步弹腿冲拳

动作说明：重心前移，左腿提起小腿迅速向前弹踢；同时，右拳向前冲拳，左拳收于腰间，拳心向上，目视前方。（图3-3-18）

图3-3-17

图3-3-18

（十）马步双冲拳

动作说明：身体右转，左脚上步成马步；同时，两拳左右冲拳，目视右拳。（图3-3-19）

（十一）马步双压肘

动作说明：两腿不动，两拳上举从上向下压肘，力达于肘尖，目视前方。（图3-3-20）

图3-3-19

图3-3-20

（十二）弓步勾手推掌

动作说明：右脚向前上步成左弓步；同时右拳变掌向前推出，左手成勾手摆于体后，目视前方。（图3-3-21）

（十三）虚步左砍掌

动作说明：重心后移成右虚步；同时右掌收于腰间，左勾变掌经体前向右砍掌，力达掌外沿，目视前方。（图3-3-22）

图3-3-21

图3-3-22

（十四）虚步右砍掌

动作说明：左脚向前上步成左虚步；同时右掌经体前向左砍掌，力达掌外沿，目视前方。（图3-3-23）

（十五）蹬腿推掌

动作说明：重心前移；右腿提起，小腿迅速向前蹬出；同时左掌向前推出，右掌收于腰间，目视前方。（图3-3-24）

图3-3-23

图3-3-24

（十六）双勾手勾踢

动作说明：右脚向前上步，左脚向前勾踢；同时，两手迅速摆于身后成双勾手，勾尖向上，目视前方。（图3-3-25）

（十七） 跟步双推掌

动作说明：左脚向前落步，右脚跟步，同时亮掌向前推出，目视前方。（图3-3-26）

图3-3-25

图3-3-26

（十八）丁步冲拳

动作说明：身体左转；右脚上步，左脚前脚掌着地，成丁步；同时右掌变拳，向前冲拳，左掌摆于右肩前，目视右拳方向。（图3-3-27①②）

图3-3-27①

图3-3-27②

（十九）并步对拳

动作说明：左脚、右脚向前上步，成并步；同时，右拳变掌腹前划弧，成对拳；目视左方。（图3-3-28）

（二十）收 势

动作说明：两手下落成立正姿势。（图3-3-29）

图3-3-28

图3-3-29

三、实战动作组合

组合一：

1. 动作名称：预备势→左直拳→右直拳→左掼拳→右勾拳→左掼拳。

2. 动作说明：

预备式： 两脚前后开立，身体微侧，两手握拳，左拳在前，右拳在后，两臂微弯，目视前方。（图3-3-30）

左直拳： 左拳直线向前冲出，重心微向前倾，右拳护下颌。（图3-3-31）

右直拳： 身体微向左转，右脚蹬地微向内转，在转体和蹬地的同时，右拳直线向前冲出，力达拳面。（图3-3-32）

图3-3-30

图3-3-31

图3-3-32

左掼拳： 身体微向右转，同时左拳向外、向前、向里横摆，臂微屈，拳心向下，力达拳面。右拳护下颌。（图3-3-33）

右勾拳： 右脚蹬地，身体微向左转的同时，右拳由下向前、向上勾拳，拳心向里，力达拳面；左拳收至右肩前。（图3-3-34）

左掼拳： 身体微向右转，同时左拳向外、向前、向里横摆，臂微屈，拳心向下，力达拳面。右拳护下颌。（图3-3-35）

图3-3-33

图3-3-34

图3-3-35

组合二：

1. 动作名称：预备势→左掼拳→右掼拳→左蹬腿→右鞭腿。

2. 动作说明：

预备式：两脚前后开立，身体微侧，两手握拳，左拳在前，右拳在后，两臂微弯，目视前方。（图3-3-36）

图3-36

左掼拳：身体微向右转，同时左拳向外、向前、向里横摆，臂微屈，拳心向下，力达拳面。右拳护下颌。（图3-3-37①②）

图3-3-37①

图3-3-37②

右掼拳：身体微微向左转，同时右拳向外、向前、向里横贯，臂微屈，拳心向下，力达拳面。左拳护下颌。（图3-3-38①②）

图3-3-38①

图3-3-38②

左蹬腿：右腿稍屈支撑，左腿提膝勾脚尖抬起，以脚跟为力点向前蹬出。（图3-3-39①②）

图3-3-39①

图3-3-39②

右鞭腿：左腿支撑，右腿屈膝提起，扣膝，绷脚背；随即迅速挺膝小腿弹击，力达脚背，然后快速回收还原成预备姿势。（图3-3-40①②）

图3-3-40①

图3-3-40②

组合三：

1.动作名称：预备势→左直拳→右鞭拳→右踹腿→左勾踢。

2.动作说明：

预备式：两脚前后开立，身体微侧，两手握拳，左拳在前，右拳在后，两臂微弯，目视前方。（图3-3-41）

左直拳：左拳直线向前冲出，重心微向前倾，右拳护下颌。（图3-3-42）

图3-3-41

图3-3-42

右鞭拳：身体向右向后转身360°，同时右臂顺势由屈伸直并以拳背或小臂为力点做鞭打动作，目视鞭打位置。（图3-3-43）

左踹腿：右腿稍屈支撑，同时左腿屈膝前抬，脚尖勾起用力向前踹出，上体微侧倾。（图3-3-44）

图3-3-43

图3-3-44

右勾踢：蹚腿之后快速回收，身体右转，同时右脚勾脚，勾踢对方脚踝处。（图3-3-45①②）

图3-3-45①

图3-3-45②

第四章　基础拳术

中国武术拳种众多，流派林立，据考证源流有序的拳种就有129个，各种套路更是灿若繁星。本章重点介绍目前流传较为广泛的几种拳术，均是全国武术比赛中的主要项目。

第一节　长　拳

一、长拳概说

“长拳”一词历史悠久，最早见载于明代戚继光所著《纪效新书.拳经捷要篇》中：“古今拳家，宋太祖有三十二式长拳。”明代程宗猷著《耕余剩技.问答篇》载：“……长拳有太祖温家之类，短则有绵张任家之类。”表明明代已有长拳称谓及太祖长拳、温家长拳等不同类别。现代长拳是武术拳种中的一大类别，是多种拳术的统称，是在吸取了查拳、华拳、花拳、红拳、少林拳等诸拳种之长的基础上形成的新兴拳种。其动作特点是：舒展大方、快速敏捷、节奏分明、击长搏远，并多起伏转折、蹿蹦跳跃。具体表现为手快捷、眼明锐、身灵活、步稳固、精充沛、气下沉、力顺达、功纯青，四击合法，以形喻势 。在技击上强调：长击速打，先发制人，以快制慢，以刚为主。

二、长拳技术要求

（一）手要快捷

长拳的手法，须“拳如流星”，要迅疾、敏捷、有力。这并不是特指拳法，而是长拳套路中所包含的上肢各种技法动作。要达到“拳如流星”这种要求，就必须松肩活肘，使肩、肘、腕等关节在运动时力求松活顺畅，以迅疾不及掩耳之势，先声夺人。

（二）眼要明锐

长拳的眼法，须“眼似电”，要明快、锐利。眼法在长拳运动中不是单独活动的，它必须眼随手动，目随势注。手法既要流星般地迅快、敏捷、有力，那么眼睛的注视，就要相应的如“闪电”般地明快锐利。这种手至眼到的眼法变化，不仅和手法有着密切的关系，也和颈部的活动有关。随着眼法的左顾右盼、上瞻下视，颈部的灵活及转头变脸要快速，与肢体动作充分配合。同时，眼法还涉及动作意识的问题。一般地说，长拳的动作都有它的意向，进则是攻，退则是守，即使是静止时的拳势，也都含有伺机待动的意识。眼法是表现动作意识和传神的关键。

（三）身要灵活

长拳的身法，须“腰如蛇行”，要柔韧、灵活、自如。身法在长拳运动里，可分为闪、转、展、缩、折、弯、俯、仰等。这些身法的变化多是主宰于腰。因此，“腰如蛇行”的身法要求，一方面是要求各种身法在运动的时候要如蛇行那样灵活，有曲折有变化；一方面也是要求胸椎和腰椎的柔韧性要好，使动作做得既柔软又坚韧，柔软则灵活，坚韧则有力。动作做得灵活，有力，又富有曲折变化，才会协调而生动。

身法包括胸、背、腰、腹、臀五个部分。在一般的长拳运动中，由活动性动作进入到静止性动作时，多讲究挺胸、直背、塌腰、收腹、敛臀等方式方法。在活动时，则要求灵活自如。“体随势变”，根据不同的动作采取不同的身法与手、眼、步、腿法协调配合。

（四）步要稳固

长拳的步法，须“步赛粘”，要轻快，稳固。“先看一步走，再看一伸手”，“打拳容易，走步难”，“步不稳则拳乱，步不快则拳慢”，步法在长拳运动里起着重要的作用。因之必须使各种步法在运动时要轻快，站定时要像粘黏在地上一样稳固，不掀脚，不拔跟。它不能受上肢、躯干活动的影响，而且要给上肢、躯干的活动提供必要的稳固条件，这样，才能动而不乱，使下盘扎实有力。

（五）精要充沛

长拳的精神需要充沛、饱满。要充沛饱满得像雷霆万钧，像江河的怒潮，要显示出鼓荡的“怒”的气魄。然而这种鼓荡的“怒”气，不是表现在脸上，而是贯注在动静的运动之中。精神饱满气宇轩昂，拳势才能雄健威武。“怒”绝不是直眉横目、龇牙咧嘴的凶狠。要做到“怒”的气魄，必须具有武术的战斗意识，把自己摆进到一种充满战斗的场合里。这样才能使长拳的运动，气如雷霆，势如浪涛。

（六）气要下沉

长拳的呼吸，须“气宜沉”，要“气沉丹田”。这是因为呼吸在长拳运动中关系着运动的持久性，也关系着劲力的催动，即所谓以气催力。长拳运动，一般都是结构复杂、起伏转折、快速有力，这一特点决定了长拳运动强度大，对氧的需要量也较大。如果不善于掌握和运用“气沉丹田”的腹式呼吸的方式方法，就容易使气血上涌，使气息在胸间游动。气往上浮则内部空虚，空虚则气促，气促则吸氧不足，氧不足则力短，力短就不能使运动持久，就会头晕恶心，面色发白，动作紊乱，运动的平衡性也就遭到破坏。所以，在运动的时候必须运用腹式咚吸，善于“蓄气”，这样才能使运动持久，才能保持运动的平衡。

长拳的呼吸方法，除了沉之外，还有提、托、聚三法，合谓“提、托、聚、沉”。这些呼吸方法随着动作而进行变化的时候，始终遵循着“气宜沉”的基本要求。同时，运用也要顺其自然，不能故意做作。

（七）力要顺达

长拳的劲力要顺达。如果发力不顺，会使运动僵硬、死板。长拳运动最忌“僵劲硬力”，强调“力要顺达”。用力顺达，须从“三节”“六合”着手。

三节，以上肢来说，手是梢节，肘是中节，肩是根节。以下肢来说，脚是梢节，膝是中节，胯是根节。六合，是手、肘、肩、脚、膝、胯等6个部位的配合。掌握好“三节”“六合”运用顺力，动作才会豁达。

（八）功要纯青

长拳的技术，须“功宜纯”。在这里，“功”指的是力量、速度、耐力、灵敏等等身体素质和运动的各种技巧。所谓“纯”，就是“纯一不杂”，炉火纯青。“功宜纯”是对长拳技术质量所提的要求。要使技术质量达到纯青的地步，重要的一条就是在技术规范化的前提下加强锻炼的实践。“功夫是练出来的”，只有坚持锻炼，持之以恒，才能使身体素质和运动技巧不断地得到提高，才能使功力长进，技术质量由不纯逐渐到纯。

三、长拳基础套路

（一）第一段

预备式

身体直立，双手垂于身体两侧。（图4-1-1）

1. 腹前对拳

双手握拳，拳面相对，视线摆向左侧。（图4-1-2）

图4-1-1

图4-1-2

2. 并步抱掌

左脚向左横跨一小步，右拳变掌，在头顶向下劈掌至左腋前，同时右脚向左并拢。（图4-1-3）

3. 提膝亮掌

双手为掌，左手向上托与肩平，右手向外推，同时提左膝。（图4-1-4）

图4-1-3

图4-1-4

4. 弓步推掌

成弓步，左掌放置左膝上，右掌向前推出。（图4-1-5）

5. 弹腿推掌

左掌推出，右掌回收于腰间，同时弹出右腿。（图4-1-6）

图4-1-5

图4-1-6

6. 虚步勾手

右脚落地后，左脚探出成虚步，右掌收回至左腋下，同时勾出左手。（图4-1-7）

7. 提膝勾手

左勾手滑行由右下至左上，右掌不动，同时提左膝。（图4-1-8）

图4-1-7

图4-1-8

8. 弓步架掌

右掌从内侧向右上架挡，左勾手不动，同时跨出右脚，成弓步。（图4-1-9）

9. 歇步挑掌

左勾手变掌挑至身前，右掌变拳移至腰间，同时撤右腿于左腿后，呈歇步。（图4-1-10）

图4-1-9

图4-1-10

10. 并步冲拳

右拳冲出，左勾手变掌置于右腋，同时并右脚，呈直立。（图4-1-11）

11. 弹腿冲拳

左拳冲出，右拳收于腰间，同时弹出右腿。（图4-1-12）

图4-1-11

图4-1-12

12. 搂膝插掌

右脚落地后，迅速提左膝，右掌从左膝前划过。（图4-1-13）

左脚横跨向左，成左弓步，同时向右斜下刺出右掌，左手为勾于斜后上方。（图4-1-14）

图4-1-13

图4-1-14

13. 弓步勾手

撤右脚呈左弓步，同时探出左勾手，右掌置于左腋。（图4-1-15）

14. 退步插掌

右掌向斜后上方刺出，左掌背于后腰间，同时左脚向右脚并拢成直立。（图4-1-16）

图4-1-15

图4-1-16

15. 虚步勾手

左勾手探出，右掌置于左腋，同时左腿弯曲，呈虚步。（图4-1-17）

图4-1-17

（二）第二段

16. 提膝架掌

右掌向上架挡，左勾手架平于左侧，同时提左膝。（图4-1-18）

17. 行　步

两腿微屈，行步平稳，步幅均匀，重心不得起伏，不允许腾空。（图4-1-19）

图4-1-18

图4-1-19

18. 并步摆掌

右掌摆至右侧与肩平，左掌置于右腋。（图4-1-20）

19. 推掌勾手

向左侧推掌，同时右掌变勾手。（图4-1-21）

图4-1-20

图4-1-2

20. 弓步按掌

左手向下按掌至腰部下方，同时后撤左脚成弓步。（图4-1-22）

21. 歇步亮掌

右手变掌，亮在身体右上方，左手为勾背在身后，同时移动右脚在左脚后成歇步。（图4-1-23）

图4-1-22

图4-1-23

22. 马步架打

右手握拳格架在头顶，左拳向左侧冲出，同时上左脚呈马步。（图4-1-24）

23. 提膝拉拳

双拳由内向外侧对拉，同时提左膝。（图4-1-25）

图4-1-24

图4-1-25

24. 弓步按拳

右拳架在身体前方，左掌按于右拳之上，同时落下左脚，前跨右脚，成弓步（图4-1-26）。

25. 撤步双插掌

双手掌心向上向前插掌，同时后撤右脚。（图4-1-27）

图4-1-26

图4-1-27

26. 并步对拳

双拳拳面相对置于腹前，左脚同时向右脚并拢。（图4-1-28）

27. 收　势

双手垂直贴于身体两侧。（图4-1-29）

图4-1-28

图4-1-29

第二节　南　拳

一、南拳概说

南拳是明代以来流行于南方的一大类拳种的总称。南拳最初是出于南少林，在明代逐渐形成独立的拳系。南拳总的特点是手法多变，腿法较少，动作紧凑，刚健有力，少跳跃、多短拳、擅标手，以气催力，以声助威。1949年中华人民共和国成立后，南拳被列为武术竞赛的重点项目之一。近年来，随着竞技武术的推广和发展，南拳不仅在我国南方蓬勃开展，更受到北方人民的喜爱。不仅如此，在海外南拳也有广的泛群众基础，是海外华人了解中国传统文化的途径之一。

二、南拳技术要求

（一）稳马硬桥

南拳讲究扎马。扎马就是“桩步”，马步桩是南拳扎马的基础。有大马、小马和半马之分。不论什么形式的桩功，都要求五趾抓地、落地生根，强调“稳如铁塔坐如山”“手是铜锤，脚是马”，扎马扎好了，腿力沉重，步势方能稳扎，运动才有章法。

桥，就是臂的运使，称为“桥手”。比如，臂下垂做内旋的动作，唤作“滚桥”；肘下沉，唤作“沉桥”。对桥手，则要求肘臂刚硬，内蓄劲力。“练得硬桥硬马，方能稳扎稳打”，南拳十分重视桩步的稳扎和肘臂桥手的坚硬。

（二）脱肩团胛

南拳身法讲究脱肩团胛。脱肩，是两肩有意识地向下沉坠，似乎将肩向下脱卸似的。团胛，是使肩胛骨向前微合，形成团状。脱肩下沉，能助长臂肘的劲力。团胛前合，能使背紧，有助于前胸的含虚。

（三）直项圆胸

南拳身法还讲究直项圆胸。直项，是下颏里收使颈项挺直，但不可僵硬。圆胸，是胸成微含，稍呈圆形。项直有助于胸背肩肘的劲力合一，胸圆则有助于沉气实腹。

（四）沉气实腹

南拳也非常讲究气沉丹田，强调沉气实腹，使腹肌加以紧缩。沉气实腹，促使臀部必须收敛。它与脱肩团胛、直项圆胸以及五趾抓地，乃是一个整体，能够做到上下完整一体，周身劲力就将会凝结到一处。

（五）五合三催

五合是：手与眼合，眼与心合，肩与腰合，身与步合，上与下合。三催是：手催、步催、身催。大凡开步出拳，要身随步转，拳随腰发，收腹蓄劲，先收后发。手法须灵活，步法须生根。“手法快时马步生，马不凌乱自有章”，手法与步法还须协调一致。南拳运动时，要“手到、根到、身到、步到”，目随手动，传神于目，示意于手。要求手眼身法步、精神气力功配合协调，这样，南拳运动才能浑然一体，一气呵成。

（六）力从腰发

“手从胸口发，力从腰马生。”南拳把腰视为发力的重要枢纽，它的发力都以腰力来带动。同时，南拳又强调腰功必须刚柔相济，如“鱼游于水，蛇行于陆”。如果腰部呆板刚硬、缺乏柔韧，也带动不好劲力的发挥。南拳在劲力上分寸劲（短劲）、长劲、飘打劲、连绵劲、爆发劲等等。这些劲力均须“发于腿，宰于腰，形于手”。

（七）发声呼喝

南拳讲究发声呼喝，一般的喝声有“嘻”“喝”“哗”“拿”“咿”“嗌”等六音。随着拳势变化的不同，运用不同的呼喝声。“呼喝则风云变色，开拳则山岳崩颓。”发声呼喝，一是助威势，二是助劲力，三是助形象，不可以无原则地乱喊乱叫。

（八）体刚劲粗

南拳在运动时还强调运气鼓劲，肌肉隆起，时张时弛，全身体刚劲粗，使整个拳势呈现出刚劲十足的形象。

三、南拳基础套路

（一）起 势

双手自然放于两腿外侧，身体直立，目视前方。（图4-2-1）

（二）虚步推掌冲拳

右腿向左腿前方45度踏出。右手成拳，左手成掌放于胸前，头向右看，同时左腿向前迈出，脚尖点地成虚步，两手向前推出，目视前方。（图4-2-2、图4-2-3）

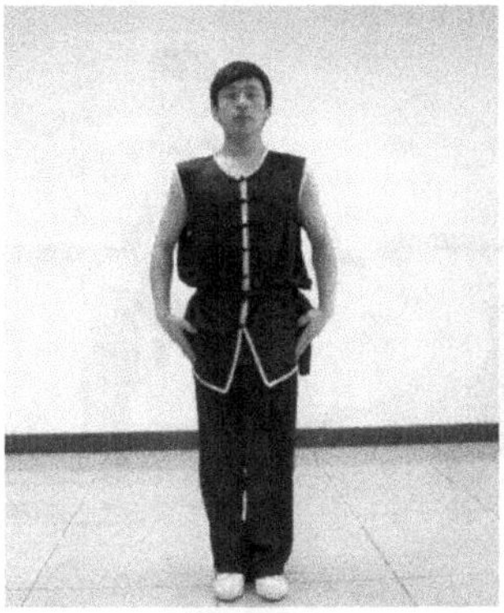
图4-2-1

图4-2-2

图4-2-3

（三）并步抱拳

左腿撤于右腿后方，身体向右转45度，同时两臂弯曲双手变拳放于胸前，右腿并向左腿，两臂由头后方向前画半弧抱于腰间。（图4-2-4～图4-2-6）

图4-2-4

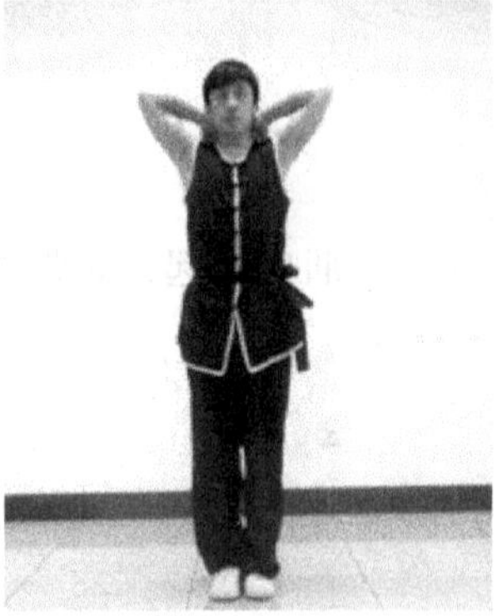
图4-2-5

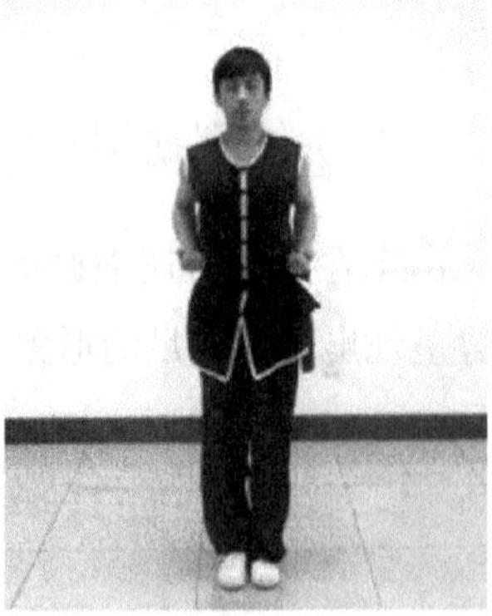
图4-2-6

（四）左弓步冲拳

左腿迈于右腿前方45度，半屈右掌放于左肩，左掌放于腰间，身体略转（左麒麟步）。相同动作向右（右麒麟步），左腿向前迈出成半马步，同时变弓步，右手成拳向前击出，左手掌护于腋前（伴随发声）。（图4-2-7 ~ 图4-2-10）

图4-2-7

图4-2-8

图4-2-9

图4-2-10

（五）歇步虎爪

右腿横向迈于左腿前方成歇步，右手拳放于腰间，左手成虎爪向前下方击出。（图4-2-11）

（六）马步双切掌

左腿横向迈出成马步，两手成掌向前下方击出置于腰前。（图4-2-12）

图4-2-11

图4-2-12

（七）马步幻化双单指

右臂由内向外化半弧变为右单手指，左臂同样动作完成，目视前方。（图4-2-13、图4-2-14）

图4-2-13

图4-2-14

（八）马步双推单指

两臂弯曲置于脑后，头向左摆，两臂向前化半弧置于腰间，向前推出，目视前

方。（图4-2-15～图4-2-17）

图4-2-15

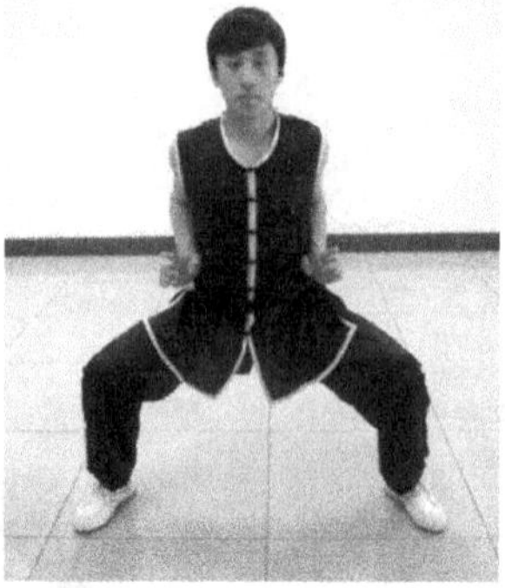
图4-2-16

图4-2-17

（九）马步双标掌沉桥

两臂弯曲置于脑后，头向右摆，两臂向前化半孤单手指变掌置于腰间，向前插掌，两肘向下弯曲45度，两掌同时挑掌，目视前方。（图4-2-18～图4-2-20）

图4-2-18

图4-2-19

图4-2-20

（十）跳步双盖拳

双腿向左跳90度成马步，同时双手变拳由上向下盖向左膝，左拳在右拳上面，目视双拳。（图4-2-21，侧面见图4-2-22）

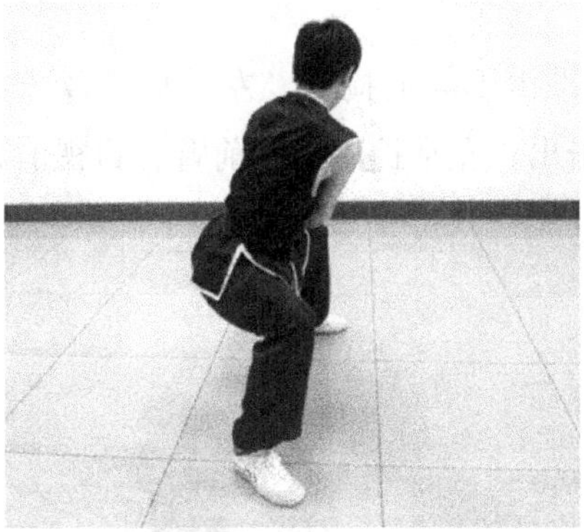
图4-2-21

图4-2-22（侧面）

（十一）弓步架拳

身体向右转成右弓步，两臂驾于两侧，目视前方。（图4-2-23）

（十二）左弓步挂盖拳

左腿提起向左前方迈出成左弓步，身体左转左臂向左前方挂拳置于腰后，右臂向前盖拳置于腰前，两臂都是直臂，目视前方。（图4-2-24）

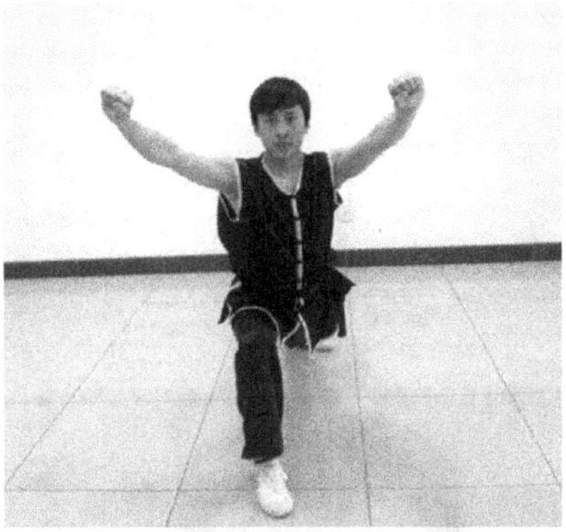
图4-2-23

图4-2-24

（十三）骑龙步冲拳

右腿迈于左腿前方半屈（骑龙步），右拳由下向上掏拳，左手成掌放于右臂前臂，右拳收于腰间，左掌击出，右拳向前击出，左掌护于右臂前臂，目视前方。（图4-2-25～图4-2-27）

图4-2-25

图4-2-26

图4-2-27

（十四）马步顶肘

身体向左半转，两腿成马步，右拳收于胸前变肘向前击出，左掌同时置于右拳面上。（图4-2-28，正面图4-2-29）

图4-2-28

图4-2-29（正面）

（十五）马步双虎爪

身体向左后方跳转45度成马步，双手成虎爪向前击出，同时右腿迈于左脚处，左脚向后方跨出成马步，同时两臂交叉于胸前，右臂前左臂后画弧形成双虎爪，目视右前方。（图4-2-30，侧面图4-2-31）

图4-2-30

图4-2-31（侧面）

（十六）左弓步滚桥

左脚向后方迈半步成左弓步，右虎爪变拳，前臂向内旋转向下击出，左虎爪成掌护于右肩处，目视前方。（图4-2-32）

（十七）右弓步双推掌

身体向右转成右弓步 两手变掌由腰间向前推出，右手上立掌，左手下立掌，目视前方。（图4-2-33）

图4-2-32

图4-2-33

（十八）左弓步双推掌

左腿迈于右腿前方45度半屈，右掌放于左肩，左掌放于腰间，身体略转（左麒麟步）相同动作向右（右麒麟步），左腿向前迈出成半马步，同时变弓步，双推掌，左上右下，目视前方。（图4-2-34～图4-2-37）

图4-2-34

图4-2-35

图4-2-36

图4-2-37

（十九）左右抛拳

身体向右转成右弓步，右手架拳于头前，左拳向前击出，左拳向下划弧，身体左转，右拳向前抛拳成左弓步，同理右弓步抛左拳，目视前方。（图4-2-38～图4-2-40）

图4-2-38

图4-2-39

图4-2-40

（二十）左弓步挂盖拳

左腿提起向左前方迈出成左弓步，身体左转，左臂向左前方挂拳置于腰后，右臂向前盖拳置于腰前，两臂直臂，目视前方。（图4-2-41）

（二十一）马步冲拳

右拳由下向上掏拳，左手成掌放于右臂前臂，右拳收于腰间，右拳向前击出，左掌护于右肩处，成马步，目视前方。（图4-2-42、图4-2-43）

图4-2-41

图4-2-42

图4-2-43

（二十二）蝶步虎爪

右腿向前方迈出，身体旋转，右臂直摆于胸前，同时左腿向后方跨出，左臂直摆，身体旋转，右手成虎爪由腰间击出，成蝶步，目视前方。（图4-2-44～图4-2-46）

图4-2-44

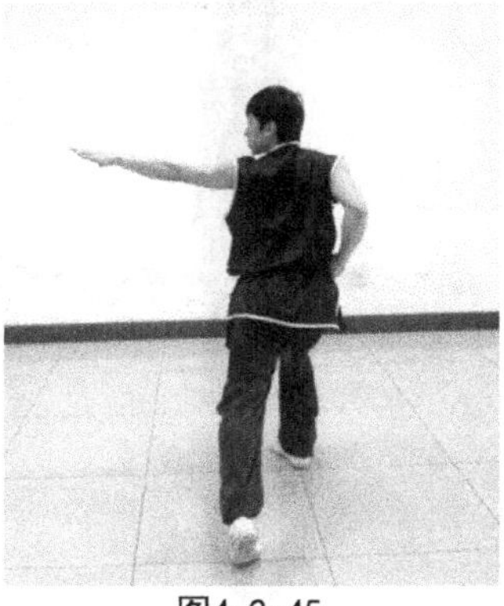
图4-2-45

图4-2-46

（二十三）虚步推掌冲拳

右腿向左腿前方45度踏出。右手成拳，左手成掌放于胸前，头向右看，同时左腿向前迈出，脚尖点地成虚步，两手向前推出，目视前方。（图4-2-47、图4-2-48）

图4-2-47

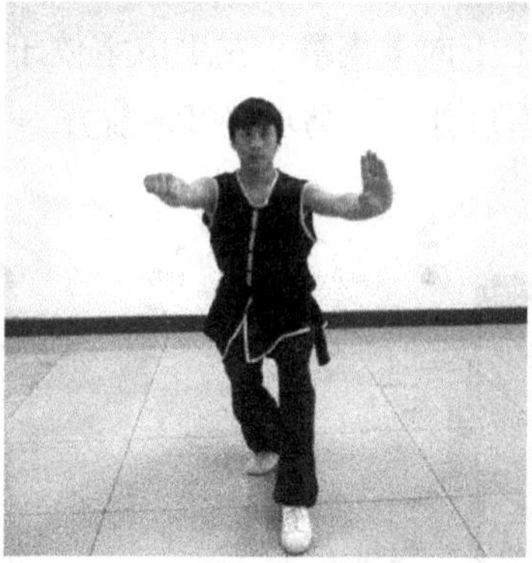
图4-2-48

（二十四）收　势

左腿撤于右腿后方，身体向右转45度，同时两臂弯曲双手变拳放于胸前，右腿并向左腿，两臂由头后方向前画半弧抱于腰间。（图4-2-49～图4-2-51）

图4-2-49

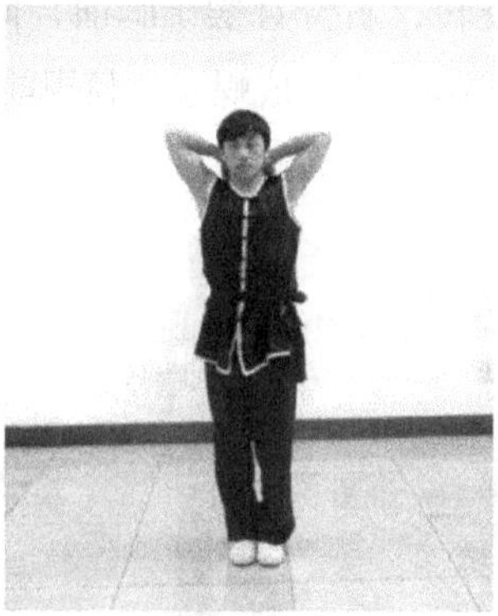
图4-2-50

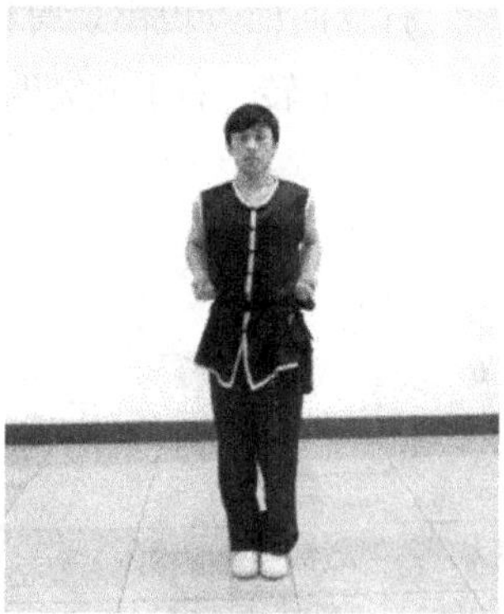
图4-2-51

第三节　太极拳

一、太极拳概说

太极拳，原名长拳、绵拳、八门五步等，至清朝乾嘉年间王宗岳著写《太极论》后，世人才统一以“太极拳”名之。太极拳主要有陈式、杨式、武式、吴式、孙式五个主要流派，流派之间既一脉相承，兼容并蓄，又自成一体，风格各异，既是太极拳文化精髓的展现，也是太极拳继承与发展过程的缩影。太极拳的技术特点表现为中正安舒、轻灵圆活、开合有序、刚柔相济，如行云流水连绵不断，并注重内外兼修，神形共养的锻炼方式，追求天人合一，物我一体的思想境界，是中国传统文化与技击之术、养生之法的完美之合。

二、太极拳技术要求

（一）虚灵顶劲

即“顶头悬”。练拳时讲究头部的头正、顶平、项直、颏收，要求头顶的百会穴处要向上轻轻领起，要有自然虚灵之意。做到虚灵顶劲，精神才提得起来，动作才能沉稳、扎实。

（二）气沉丹田

身法端正，宽胸实腹，意识引导呼吸。太极拳在运动时，一般都是采用腹式呼吸，这样才能达到太极拳“身动、心静、气敛、神舒”的境地。

用腹式呼吸来加深气息的深长，应自然、匀细、徐徐吞吐，要与动作自然配合，不能用强制的方法。要求整套动作都要与一呼一吸结合得非常密切。应根据动作的开合、屈伸、起落、进退、虚实等变化，自然地去配合。一般地说，呼吸总是与胸廓的张缩、肩胛的活动自然结合着。在一个动作里，往往就伴随着一呼一吸，而不是一个动作固定为一吸或是一呼。这种与动作自然配合的方法运用得当，可以使动作更加协调、圆活、轻灵、沉稳。

（三）含胸拔背

含胸是胸廓略向内含虚，使胸部有舒宽的感觉。这样有利于做好腹式呼吸，能在肩胛关节放松、两肩微含、两肋微敛的姿势下，通过动作使胸腔上下径放长，横膈有下降舒展的机会。它既能使重心下降，又能使肺脏、横膈活动加强。

拔背与含胸是相互联系的，要含胸就势必拔背。拔背是在胸略向内含虚时背部肌肉向下松沉，两肩中间颈下第三脊骨鼓起上提并略向后上方拉起，不能单纯地往后拉。这样背部肌肉就会有一定的张、弹力，皮肤有绷紧的感觉。

含胸拔背，胸背肌肉须松沉，不能故意做作。

（四）松腰敛臀

太极拳要求含胸、沉气，因此在含胸时就必须松腰。松腰不仅帮助沉气和下肢的稳固，更主要的是它对动作的进退旋转，用躯干带动四肢的活动及动作的完整性，起着主导作用。

敛臀则是在含胸拔背和松腰的基础上使臀部稍作内收，敛臀时，可尽量放松腰、臀部肌肉，使臀肌向下方舒展，然后轻轻向前、向里收敛，像用臀把小腹托起来似的。

（五）圆裆松胯

裆即会阴部位。头顶百会穴的“虚灵顶劲”要与会阴穴上下相应，这是保持身法端正、气贯上下的锻炼方法。

裆要圆，又要实。胯撑开，两膝微向里扣，裆自圆。会阴处虚上提，裆自会实，加上腰的松沉、臀的收敛，自然产生裆劲。

（六）沉肩坠肘

太极拳在松肩的前提下要求沉肩坠肘，两臂由于肩、肘的下坠会有一种深重的内劲感觉，这就是上肢内在的遒劲。两肩除“沉”之外，还要有些微向前合抱的意思，这能使胸部完全含虚，使脊背团成圆形。两肘下坠之外，也要有一些微向里的裹劲。这样的沉肩坠肘，才能使劲力贯穿到上肢手臂。

（七）舒指坐腕

舒指是掌指自然伸展，坐腕是腕关节向手背、虎口的一侧自然屈起。掌的动作是整体动作的一部分，许多掌法都是与全身动作连成一气的，因之舒指坐腕，实际是将周身劲力通过“其根在脚，发于腿，主宰于腰，形于手指”，完整一气。

（八）尾闾中正

这是关系身躯、动作姿势“中正安舒”“支撑八面”的准星，因之太极拳运动时极重视尾闾与脊椎成直线，处于中正状态。更重要的是，尾闾中正还影响着下盘的稳固，所以尾闾中下面样是和以上七点连贯统一的。能够统一地做到这八点，就可以使躯干、上肢、下肢的内在劲力达到完整如一的地步。

（九）内宜鼓荡，外示安逸

鼓荡是对内在精神所提的要求，鼓荡是精神振奋的意思。内宜鼓荡是说内在的精神要振奋，然而这种振奋是沉着的，“神宜内敛”的，并不流于形色，表现是安逸的。

（十）运动如抽丝，迈步如猫行

太极拳运动要像抽丝那样既缓又匀、又稳又静，迈步又要像猫那样轻起轻落，提步、落步都要有轻灵的感觉。静是太极拳特点之一，练太极拳首要的条件就是要做到心里安静，排队杂念，使精神完全集中到运动上来。心静，才能“用意不用力”，使运动像抽丝那样安静。太极拳讲究“用意识引导动作”，是一种“会意”的运动。“缓以会意”，只有徐缓的活动才能会意，因之它要求运动像抽丝那样徐缓不躁。太极拳又讲究速度均匀，要求保持适当的等速运动，又需像抽丝那样均匀地抽拉。其步法必须相应地像猫迈步那样轻灵。

三、太极拳基础套路

（一）起　势

1. 并脚站立

身体保持自然直立，两脚并拢；两手轻贴大腿侧，头颈端正，胸腹舒松，精神集中，呼吸自然，目视前方。（图4-3-1）

2. 左脚开立

左脚向左轻轻开步，与肩同宽，脚尖朝前；两手慢慢向前平举，与肩同高，与肩同宽，手心向下。（图4-3-2、图4-3-3）

图4-3-1

图4-3-2

图4-3-3

图4-3-4

3. 屈膝按掌

上体正直，两腿缓缓屈膝半蹲；两手下按，落于腹前，掌膝相对。（图4-3-4）

（二）右揽雀尾

1. 丁步抱球

重心左移，身体右转，右脚外撇；右臂屈抬，手心向下，左手翻转向右画弧至右腹前，手心向上，两手相对如抱球状；重心右移，左脚收回右脚内侧，眼视右手。（图4-3-5、图4-3-6）

图4-3-5

图4-3-6

2. 弓步掤臂

上体左转，左脚上步，重心前移成左弓步；左手前掤，与肩同高，手心向内，右手下按，落于胯侧，手心向下，两臂微屈；眼视左臂前方。（图4-3-7）

3. 丁步抱球

上体微左转，右脚收至左脚内侧；左手翻下右手翻上，两手成抱球；目视左手斜前方。（图4-3-8）

图4-3-7

图4-3-8

4. 弓步掤臂

上体右转，右脚向右迈出一步，脚跟着地，重心前移成右弓步；右臂前掤与肩同高，左臂下按，落于左胯旁；目视右臂斜前方。（图4-3-9、图4-3-10）

图4-3-9

图4-3-10

5. 两掌前伸

右掌前伸，手心向下，左掌同时翻转前送。（图4-3-11）

6. 后坐下捋

重心后移，两掌向下后捋至腹前。（图4-3-12）

图4-3-11

图4-3-12

7. 转体搭手

右臂屈肘横于胸前，掌心向内，左臂搭于右腕内侧，掌心向外。（图4-3-13）

8. 弓步前挤

重心前移成右弓步；两手同时向前挤出，两臂撑圆；目视前方。（图4-3-14）

图4-3-13

图4-3-14

（三）左单鞭

1. 扣脚旋掌

重心左移，上体右转，右脚尖上翘；右臂屈肘平划弧至右肩前，左手随右腕划弧。（图4-3-15）

2. 丁步勾手

右脚内扣落地，上体微右转，重心右移，左脚收回，脚尖着地成丁步；右掌向右立掌按出，掌心向外，变成勾手，左掌附于右腕内侧；目视勾手。（图4-3-16）

3. 弓步推掌

上体左转，左脚向左迈一步，脚跟着地，重心前移成左弓步；右掌变勾，左掌经面前翻转向前推出，掌心向前；目视左掌。（图4-3-17）

图4-3-15

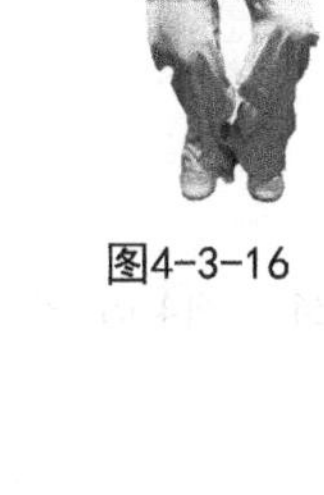
图4-3-16

图4-3-17

（四）云手（3次）

左云收脚，右云开步，共做3次。（图4-3-18～图4-3-21）

图4-3-18

图4-3-19

图4-3-20

图4-3-21

（五）单　鞭

动作同前一个单鞭。（图4-3-22、图4-3-23）

图4-3-22

图4-3-23

（六）肘底捶

跟步摞手，虚步劈伸。（图4-3-24、图4-3-25）

图4-3-24

图4-3-25

（七）左右倒卷肱（4次）

1. 右倒卷肱

稍右转体，撤手托球，退步卷肱，虚步推掌。（图4-3-26～图4-3-28）

图4-3-26

图4-3-27

图4-3-28

2. 左倒卷肱

稍左转体，撤手托球，退步卷肱，虚步推掌。（图4-3-29～图4-3-31）

图4-3-29

图4-3-30

图4-3-31

再继续做右倒卷肱、左倒卷肱各1个。（图4-3-32～图4-3-37）

图4-3-32

图4-3-33

图4-3-34

图4-3-35

图4-3-36

图4-3-37

（八）左揽雀尾

转体撤手，收脚抱球（图4-3-38）；转体上步，弓步掤臂（图4-3-39）；摆臂后捋（图4-3-40、图4-3-41）；转体，搭手，弓步前挤（图4-3-42～图4-3-44）；转腕分手，后坐引手，弓步前按（图4-3-45～图4-3-47）。

图4-3-38

图4-3-39

图4-3-40

图4-3-41

图4-3-42

图4-3-43

图4-3-44

图4-3-45

图4-3-46

图4-3-47

（九）十字手

后坐扣脚，弓步分手，交叉搭手，收脚合抱。（图4-3-48、图4-3-49）

图4-3-48

图4-3-49

（十）收 势

翻掌分手，垂臂落手，并步还原。（图4-3-50、图4-3-51）

图4-3-50

图4-3-51

第四节　形意拳

一、形意拳概说

形意拳讲“像其形”“取其意”，要求“心意诚于中，肢体形于外”，外形与内意高度统一，故名形意拳。

据考证，形意拳为明末清初山西蒲州诸冯里北评义村（今永济市尊村）姬际可（字龙峰，1602—1680年）所创。姬际可传曹继武，曹继武传给戴龙邦、河南马学礼，戴龙邦传河北李洛能，逐渐形成山西、河南、河北三大流派，呈现出3种不同的风格。

形意拳以三体式为基本桩法，以五行拳（劈、崩、钻、炮、横）和十二形拳（龙、虎、马、猴、鼍、鸡、鹞、燕、蛇、鹰、鲐、熊）为基本拳法。

二、形意拳技术要求

（一）头要上顶，项要竖直

头部保持中正，颈项要有意识地竖直，下颌内收，必须在自然竖直之中含有轻微的顶劲。还须使嘴自然闭合，牙齿要扣好，舌尖抵上腭，精神要集中，神态要自然，用鼻自然呼吸。

（二）肩要松，肘要坠

形意拳对肩有松、沉、扣、按四法要求。松肩以通气，沉肩以贯劲，扣肩以坚膀，按肩以发力。要求肩关节松沉，两肩微内扣，肘关节要保持垂坠，松肩坠肘应与含胸拔背密切结合。这样，一来可使肩肘与胸背和谐相依，二来可使气沉丹田，有助于下肢稳固。此外，打拳时肘部要微屈下坠，臂不可完全伸直。凡两臂收放，肘都要贴靠两肋，使全身的力量贯注到上肢，周身完整一气。

（三）腕要塌，掌要撑，拳要紧

形意拳要求“手顶”，出掌时要塌腕，掌心向前下方，五指微分，食指上挑，拇指外撑，虎口成半圆形，掌心内含，既要有向前的鼎力，又要有向下按的力。出拳时要求五指握紧，拇指压在食指和中指的第二节指骨上，食指突出，直腕，拳面如螺状，力量贯注拳的最前端。

（四）背要拔，胸要含

形意拳要求头部上顶、颈项竖直，使脊背自然产生上下拔伸的感觉。两肩松沉、内扣，背阔肌左右伸展而产生紧背、圆背的效果。做到了拔背，胸部也就自然内含了。

（五）腰要塌，脊要正

形意拳所有变换招式，左旋右转，都着重于周身的完整与协调。因此，要求腰部在运动过程中始终要塌住劲，起到主宰的作用。塌腰绝不是腰脊僵滞，而是松展自然有弹性，成为上下动作的枢纽。脊椎的要领和腰部不可分割，只有注意塌腰和顶头，才能做到脊椎正直。在运动时，随着动作的转换，脊椎也应有所伸缩、转折，以帮助臂、腿、腰的蓄劲发力，但不能故意扭曲和摇摆。

（六）臀要敛，肛要提

要求臀部有意识地向里收敛，其方法就是使肛门括约肌稍加收缩，这样就约束臀部突出，保证了腰脊和尾骨的中正，也促进了含胸拔背、气沉丹田。所以歌诀说："提肛收臀，气贯四梢。"

（七）胯要收缩，膝要扣劲，脚要平稳

形意拳的步法以直进直退为主，"三体式"为其根本，在此基础上要求进退稳、健、机敏灵活。这就要求胯、膝、脚各部紧密配合，毫不松懈。在进退中，以胯催膝，以膝催脚，胯为根节，膝为中节，脚为梢节。静止时，胯要微向里"缩劲"，膝要微向里"扣劲"，脚要平稳踏地含有"踩劲"。同时，腿的弯曲要适度，太直则僵滞，过屈则无力。

（八）姿势要正确，动作要整齐

形意拳要求每动每势处处皆守规矩。周身三节安排合体，“三节六合”配合协调，立身“中正安舒，支撑八面”，手尖、脚尖、鼻尖“三尖相照”。讲究“心气一发，四肢皆动”，整个动作都是在同一时间起动和完成的。

（九）进退要和顺，起落要均衡

形意拳要求在拳法变换、起落进退中注意和顺。只有在起落进退、拳法变换中身体各部位的运动路线、方向、时间、定势后的角度、位置都做到和顺，才不会发生姿势失中、动作僵硬、呼吸紧张、定势不稳等现象。

（十）力量要充实，呼吸要自然

形意拳要求拳紧、步稳、脚实，发势迅猛，劲力饱满。凡下肢进步，都要前脚贴近地面，竭力向前，后脚则全力向后蹬地。上肢动作要两手争衡对拔，彼此呼应。两前臂要内外旋转，就像拧绳一般，起钻落翻，拧裹进退，融成一股整劲，以此充实周身力量。“挺胸、提腹、努气、拙力”是形意拳最忌的四大毛病。它要求松胸实腹、呼吸自然并与动作自然配合。一般情况下，总是蓄劲时吸气，发劲时呼气，以气助力，使气与力合一。

（十一）气势要相连，内外要合一

气势相连，是一招一式均须贯串一气，做到势断劲连，劲变意连，既有明快节奏，又有“断而又连、绵绵不断”的气势。内外合一，是肩与胯合，肘与膝合，手与脚合，心与意合，意与气合，气与力合。以腰催胯，以胯催膝，以膝催足，以肩催肘，以肘催手，以手催指，形与意、内与外，周身上下无处不合。这样，形意拳方能“内外六合”“形意合一”，浑然一体。

三、形意拳基础套路

（一）三体式

1. 身体直立，两臂自然下垂，头要端正，两脚尖外展，目视前方。（图4-4-1）

2. 以左脚跟为轴，身体向左扭转45度。（图4-4-2）

3. 两腿慢慢弯曲，身体成半蹲势，随即左前臂经体前向上提起，右手盖在左手背上（右手食指在左手中指之上）目视前方。（图4-4-3）

4. 身体方向不变，左脚前进一步，成三体式，目视前方。（图4-4-4）

图4-4-1

图4-4-2

图4-4-3

图4-4-4

（二）五行连环拳

1. 预备姿势

开始姿势同三体式，可参阅三体式说明。

2. 进步右崩拳

两掌变拳握紧，左脚前进一步，右脚随之跟进半步，重心偏右腿，两脚距离约30厘米。同时，右拳顺着左臂方向直向前打出，拳眼向上，拳面微向前倾；左拳撤至腰部左侧，拳心向上。目视右拳。（图4-4-5、图4-4-6）

图4-4-5

图4-4-6

3. 退步左崩拳

左脚、右拳不动，右脚向后撤半步，然后左脚再顺着右脚方向撤至右脚后方，两腿交叉，左脚顺，右脚横，左脚跟微离地面，成稍蹲姿势。左脚向后撤时，左拳向前打出，拳眼向上；右拳同时撤到腰部右侧，拳心向上。目视左拳。（图4-4-7、图4-4-8）

4. 顺步右崩拳

右脚向前一步，左脚随之跟进半步。同时右拳顺着右脚方向直向前打出，拳眼向上，高与胸平；左拳撤至腰部左侧，拳心向上，成右拳、右脚在前的顺步崩拳姿势。目视右拳。（图4-4-9）

图4-4-7

图4-4-8

图4-4-9

5. 退步抱拳

（1）左脚向左后方撤半步，同时右臂屈肘，右拳贴近腹部拳心向上；左拳置于

右拳下方，拳心向上。（图4-4-10）

（2）两臂同时向上摆起（右拳左掌），经头部前上方分开，再由两侧下落画一立圆，收到腹前，右拳落在左掌心内。上体稍右转，同时右脚撤到左脚前方。目视前下方。（图4-4-11、图4-4-12）

图4-4-10

图4-4-11

图4-4-12

6. 进步炮拳

右脚向前迈一步（略向右斜），左脚向前跟进半步。同时左掌变拳向前打出，拳眼向上，高与胸平；右拳经胸前向上翻转上架，停于右额角旁，成右脚、左拳在前的拗步姿势。目视左拳。（图4-4-13）

图4-4-13

7. 退步左劈掌

（1）右拳向体前下落，拳心向上；左拳收回，停于腰部左侧，拳心向上。右脚随之向后撤一步。目视右拳。（图4-4-14）

（2）左拳经右前臂上方镶嵌伸掌并翻转下按，右拳在左拳边掌翻转时与变掌下按，停于腹前。目视左掌。（图4-4-15）

图4-4-14

图4-4-15

8. 拗步右钻拳

身体左转，左拳由胸前向上钻出，然后左脚前进一步，右脚随之跟进半步。同时右拳顺左前臂上方钻出，高与鼻尖平；左拳向里翻转，撤回腹部左侧，拳心向下。目视右拳。（图4-4-16）

图4-4-16

9. 跳步双劈掌

两手不动，左脚直向前垫半步，膝部微屈；右脚随之向上提起，脚尖上钩，然后右脚脚跟用力向前下踩落地；左脚随之跟进半步，脚跟离地，成前脚（右脚）横、后脚顺的交叉半蹲姿势。同时左拳变掌顺右臂内侧向前、向下劈，高不过口；右拳变掌撤至腹前。目视左掌食指尖。（图4-4-17、图4-4-18）

10. 进步右崩拳

两掌变拳，右脚先向前垫步，然后左脚向前进一步，右脚随之跟进半步，重心偏于右腿。同时右拳顺左臂直向前打出，拳眼向上；左拳撤至左腰侧。目视右拳方向。（图4-4-19）

图4-4-17

图4-4-18

图4-4-19

11. 回身式

（1）左脚尖里扣，以右脚掌为轴，身体向右后转180度。同时右拳屈肘收回右腰侧，重心偏于左腿。目平视前方。（图4-4-20）

（2）右拳由胸前经下颌向上、向前钻出，高与鼻尖齐平。右腿向上提起，脚尖上钩，然后右脚脚跟用力向前、向下踩，横脚落地；左脚也随之跟进半步，脚跟离地，左膝与右膝窝抵紧，成右脚横、左脚顺的交叉半蹲姿势。同时左拳变掌，顺着右臂内侧向前、向下劈，手高不过口；右拳变掌撤至腹前。目视左掌食指尖。（图4-4-21）

图4-4-20

图4-4-21

图4-4-22

12. 跳步双劈掌

两手不动，左脚直向前垫半步，膝部微屈；右脚随之向上提起，脚尖上钩，然后右脚脚跟用力向前下踩落地；左脚随之跟进半步，脚跟离地，成前脚（右脚）横、后脚顺的交叉半蹲姿势。同时左拳变掌顺右臂内侧向前、向下劈，高不过口；

右拳变掌撤至腹前。目视左掌食指尖。（图4-4-22）

13. 进步右崩拳

两掌变拳，右脚先向前垫步，然后左脚向前进一步，右脚随之跟进半步，重心偏于右腿。同时，右拳顺左臂直向前打出，拳眼向上；左拳撤至左腰侧。目视右拳方向。（图4-4-23）

图4-4-23

图4-4-24

14. 顺步左崩拳

左脚向前一步，右脚随之跟进半步。同时左拳顺着左脚方向直向前打出，拳眼向上，高与胸平；右拳撤至腰部右侧，目视左拳方向。（图4-4-24）

15. 回身式

左脚尖里扣，以右脚掌为轴，身体向右后转180度，同时右拳屈肘收回右腰侧，重心偏于左腿。眼平视前方。（图4-4-25）

右拳由胸前紧下颌向上、向前钻出，高与鼻尖齐平。右腿向上提起，脚尖上钩，然后右脚脚跟用力向前、向下踩，横脚落地；左脚也随之跟进半步，脚跟离地，左膝与右膝窝抵紧，成右脚横、左脚顺的交叉半蹲姿势。同时左拳变掌，顺着右臂内侧向前、向下劈，手高不过口；右拳变掌撤至腹前。目视左掌食指尖。（图4-4-26）

图4-4-25

图4-4-26

16. 跳步双劈掌

两手不动，左脚直向前垫半步，膝部微屈；右脚随之向上提起，脚尖上钩，然后右脚脚跟用力向前下踩落地；左脚随之跟进半步，脚跟离地，成前脚（右脚）横、后脚顺的交叉半蹲姿势。同时左拳变掌顺右臂内侧向前、向下劈，高不过口；右拳变掌撤至腹前。目视左掌食指尖。（图4-4-27）

图4-4-27

图4-4-28

17. 进步右崩拳

两掌变拳，右脚先向前垫步，然后左脚向前进一步，右脚随之跟进半步，重心偏于右腿。同时右拳顺左臂直向前打出，拳眼向上；左拳撤至左腰侧。目视右拳方向。（图4-4-28）

18. 退步左崩拳

左脚、右拳不动，右脚向后撤半步，然后左脚向后撤步发力，同时左拳向前打出，拳眼向上；右拳同时撤到腰部右侧，拳心向上。目视左拳。（图4-4-29）

19. 收　势

重心前移左脚回收至右脚内侧，两手相合下按至腹前。目平视。（图4-4-30、图4-4-31）

图4-4-29

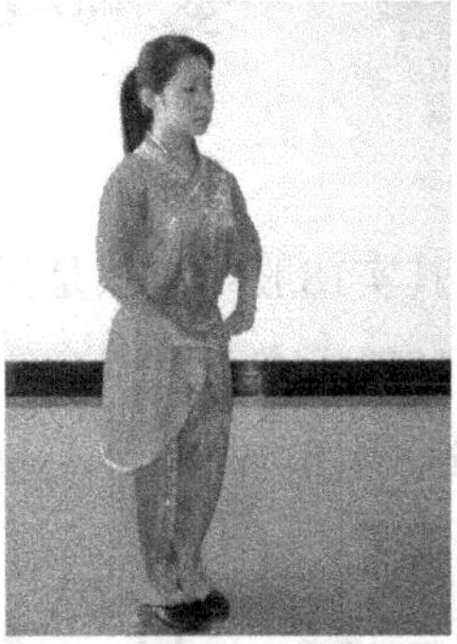

图4-4-30

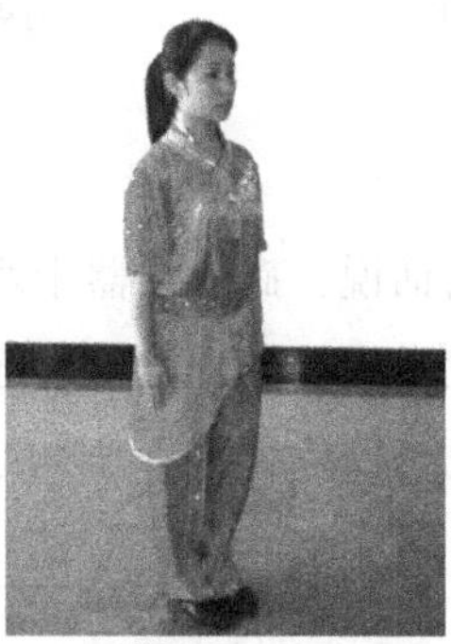

图4-4-31

第五章　基础器械

俗话说：武术兵器十八般，其实18般兵器只是泛指武术的兵器种类很多，实际上，武术的兵器种类要远远超过18般。本章重点介绍目前较为普及的、对于初学者来说也是较易掌握的刀、剑和棍这3种基本的武术器械。

第一节　刀　术

一、刀术概说

刀的历史十分久远，在原始社会的旧石器时期，我们的祖先就已经知道制作和使用石刀了。不过在当时刀主要还是被当作生产工具。有了原始战争后，刀才逐渐成为一种兵器。到了汉代，随着铁制刀的出现，刀才逐渐代替剑成为战场上的最重要武器。

尽管刀的种类很多，有单刀、双刀、柳叶刀、大刀、朴刀等等，但在构造上，大体都包括刃、背、尖、盘和柄5个部分。目前最为普及的是单刀，即一只手操练的刀术，是武术器械中短兵器的一种。单刀以劈、砍、撩、挂、扎、截、斩、缠头裹脑等刀法为主。练习单刀要勇猛有力，灵活便利，并有“四要”之说：一要刚毅勇猛，二要快似流星，三要干净利落，四要杨柳临风。练起刀来可呈现出勇猛剽悍、雄壮有力的形象，故有“刀如猛虎”之说。

二、刀术技术要求

（一）步疾刀猛

刀是短器械，在技击中必须步快身灵、前纵后跃、左右闪展，配合势如疾风的刀法，才能发挥其应有的长处。尤其是应付长兵器时，关键在于步法迅疾，身法敏捷。刀法应在步法的快速移动、腾挪中完成，力劲势猛，如猛虎下山，威武剽悍，锐不可当。刀术尚猛不仅仅表现在刀术的气势上，更主要的是刀法的密集和力度。“刀之利，利在砍”，劈、砍是刀术中的主要方法。为攻势，讲求力大、快疾、猛狠、干净利落。要做到这几点尚须刀借腰力，以拧腰转体来增加劈、砍的力度和速度。劈、砍虽贵在力猛势急，但仍然要刚柔相济、攻防一体。在此过程中，始动于腰，再经肩臂到手，直至刀器，由起动到加速，依次发力，完整一气。

（二）寻虚击实

寻虚击实是刀术应敌时的技法辩证规律。寻虚指逢重器械时，应避其实、寻其虚而攻之。因为器械重，来势多凶猛激烈，若直挡其械，易为其折断或脱手。应视其招式，察其虚实，拿捏住器械重、变化难、来势虽猛但不易回守的弱点，寻其虚处，发而制之。击实指遇见剑、枪等轻器械时，应避其虚而击其实。因轻器械富于变化，击之，易受其后发先至之害，而其实处一旦出现，则不易变化，故易击实。

（三）刀快法诈

“刀快”指刀的运行速度要快，不论在练习中或在实战时，刀贵神速，以快取胜。“法诈”指刀法运用的诡秘性、 变化多端。拳谚有“刀走黑”之说，不仅仅指刀法快疾、狠毒、无情，更有“诡秘”的解释。“其用法，左右跳跃，奇诈诡秘，人莫能测，故长技每每常败于刀。”（《单刀法选》）诡秘性存在于刀法的虚实变换中，虚中含实、实中隐虚，虚虚实实、真真假假，学时有定规，用时无定法，变化莫测。

（四）刀手配合

刀术练习中历来讲究“单刀看手”，即单刀看闲手，指刀与不握刀的闲手(左手)的配合。刀手配合得协调与否，是反映运动技术水平的一个主要方面。因此，运动中要求刀、手、身紧密配合。配合手的一般原则是“顺领合击，反向对称”。如初级刀术中由“马步劈刀”接“弓步撩刀”时，左手领先运行，以手引刀撩出谓之“顺领”。缠头动作中当屈臂收刀时，两臂交叉，两手做相向运动，谓之“合击”。而“反向对称”，如在身体右侧由上向下劈刀，则要求配合手在体左侧由下向上做配合。掌握好刀、手配合的原则，动作便可紧凑无隙，攻防意义也就突出了。刀、手配合的意义还在于：一是有助于身躯四肢在运动中的和谐；二是有助于维持运动中的平衡；三是有助于刀法力量在运动中的发挥。做到这3点，刀术动作就会更加协调、沉稳、有力了。

三、刀术基础套路

（一）动作名称

第一段

预备式

1. 并步抱刀
2. 弓步拦刀
3. 平斩刀虚步藏刀
4. 弓步扎刀
5. 提膝架刀
6. 上步腾空弹腿
7. 弓步亮掌扎刀
8. 马步架刀
9. 转身裹脑刀
10. 提膝藏刀

第二段

11. 上步扎刀
12. 弓步架刀
13. 插步下斩
14. 转身云扎刀
15. 并步提刀
16. 跳转身马步劈刀
17. 转身弓步拦刀
18. 弓步抱刀

收 势

（二）动作说明

1. 第一段

预备式

两脚并步站立，左手抱刀垂于体侧，右臂自然下垂，目视前方。（图5-1-1）

要点：身体直立，挺胸，收腹，立腰，提臀。呼吸自然平稳，目视前方。

（1）并步抱刀

身体直立。双手自身体两侧抱于头顶，双肘微屈，目视左前方。（图5-1-2）

要点：挺胸收腹，目视左前方。

（2）弓步拦刀

左脚向左侧上步，右腿蹬直，身体微前倾。左手向前，向右变掌于右肩处，掌心朝右。右手握刀向下，向左横拦，停于左腋下。双肘成90度，目视前方。（图5-1-3）

要点：动作与步法相互一致，拦刀至左腰间，目视前方。

图5-1-1

图5-1-2

图5-1-3

（3）平斩刀虚步藏刀

右转身，左腿蹬直，成右弓步。左手向前伸直，右手握刀向后平展。（图5-1-4）

左脚向右脚并步，身体直立，右手握刀向后，立刀做平圆，绕至身体前，左肘屈于体前，左手向前，向内变掌收于左肩前。（图5-1-5）

左脚向前虚点，右腿微屈，成虚步。重心落于右腿，左掌向前推出，右手握刀，向后拉至右腰间，目视前方。（图5-1-6）

要点：动作一气呵成，身体重心于步法转换间要灵活，目视前方。

图5-1-4

图5-1-5

图5-1-6

（4）弓步扎刀

左脚向前上步，右腿蹬直，成左弓步。左手向右，按至右大臂末端，右手握刀，向正前立刀扎出，与肩同高，目视前方。（图5-1-7）

要点：发力时，力达刀尖，目视前方。

（5）提膝架刀

左腿提膝至右腿前，重心落于右腿，身体立直，左掌向前方推出，右手握刀，向后向上拉至头顶，右肘微屈，刀身平行于水平，目视前方。（图5-1-8、图5-1-9）

要点：支撑腿伸直，身体重心平稳，目视前方。

图5-1-7

图5-1-8

图5-1-9

（6）上步腾空弹腿

左脚向前上步，右手握刀收于右腰间，刀身平行于水平。右脚向前上步，身体重心于两腿之间。右脚蹬地，向前跳起腾空，左腿自然经前摆，向后收回，右腿向

前弹出，同时左掌向前推出，右手握刀收于右腰间，目视前方。（图5-1-10～图5-1-13）

要点：腾空时，推掌与弹腿要相互一致，动作轻快灵活，目视前方。

图5-1-10

图5-1-11

图5-1-12

图5-1-13

（7）弓步亮掌扎刀

右脚落地，左腿蹬直，成右弓步。左手向头上方架出，左肘微屈，右手握刀，向前方立刀扎出，力达刀尖，目视前方。（图5-1-14）

要点：落地时，身体重心平稳，同时向前扎刀，目视前方。

图5-1-14

（8）马步架刀

右脚内扣，与左脚趋于水平，左膝微屈，身体重心落于两腿之间，成马步。左手向下按于右手腕处，右手握刀，以刀柄为引，向上，向后，经下，成弧形运动。

左脚向前上步，双膝微屈于水平，身体重心落于两腿之间，成马步，双手带刀向前撩动，驾于头上方，目视前方。（图5-1-15～图5-1-17）

要点：动作连接要灵活，成立圆。以肘带刀，动作连贯。

图5-1-15

图5-1-16

图5-1-17

（9）转身裹脑刀

身体左转，右腿蹬直，成左弓步。左手变掌向前，向下于右肩前，左肘微屈于胸前，右手抽刀向后，经右向前横扫于左腰间。

图5-1-18

图5-1-19

图5-1-20

身体右转，目视后方，右脚撤于左脚后，同时左臂水平打开，与右手同步向后，变掌收于左肩前，右手握刀向后抽刀，右腕外翻，经体前向右，立刀，向后作水平圆弧。（图5-1-18～图5-1-20）

要点：刀身作水平圆弧运动。动作与步法转换间灵活连贯，以身带刀。

（10）提膝藏刀

左腿提膝于右腿前，身体重心落于右腿，上身直立。左掌向前方推出，右手收刀藏于右腰间，右肘微屈，目视前方。（图5-1-21、图5-1-22）

要点：支撑腿伸直，身体重心平稳，目视前方。

图5-1-21

图5-1-22

2. 第二段

（11）上步扎刀

左脚落地，右脚向前上步，左腿蹬直，成右弓步。右掌向后平推，右手握刀向前立刀扎出，刀身趋于水平，右臂伸直，目视前方。（图5-1-23、图5-1-24）

要点：扎刀时，力达刀尖，目视前方。双臂动作互相一致。

图5-1-23

图5-1-24

（12）弓步架刀

右腿蹬直，重心落于左腿，成左横裆步。双手向面部前方合拢，左手以掌按在右手腕处，右手握刀向后，向上架于头顶，目视前方图（图5-1-25）

要点：双手动作互相一致，同步完成，目视前方。

图5-1-25

（13）插步下斩

左脚自右脚后插步，双膝微屈，重心落于双脚之

间，左臂向左上方自然打开，右手握刀，经身前向右下斩出，目视刀身处图（图5-1-26、图5-1-27）

要点：动作与步法同步完成，发力时力达刀身。

图5-1-26

图5-1-27

（14）转身云扎刀

左转身，左手由后方平行移动至身前，同时左手握刀由前向后，再向前，随身体平行移至身前。（图5-1-28、图5-1-29）

图5-1-28

图5-1-29

右脚提膝至左腿前，重心落于左支撑腿。同时左手按于刀身前段，与握刀右手在面部前上方，向左水平转动360度，目视刀身。（图5-1-30）

右脚前落，左腿蹬直，成右弓步，向后左臂伸直趋于水平，右手握刀向前方，立刀扎出，力达刀尖，目视前方。（图5-1-31、图5-1-32）

要点：云刀时，要保持身体重心平稳，动作要迅速。扎刀时，力达刀尖，目视前方。

图5-1-30

图5-1-31

图5-1-32

（15）并步提刀

右脚撤于左脚旁，身体直立，左手由后平移至身体左侧，手型变为勾手，右手握刀由前，向上。于上方，背于脑后，双臂伸直，刀身贴于体后，目视前方。（图5-1-33、图5-1-33正面）

要点：身体立直，挺胸收腹，双手动作互相一致，目视前方。

图5-1-33

图5-1-33正面

（16）跳转身马步劈刀

右脚向前上步，重心落于两脚之间，身体微下蹲，双膝微屈，右手自后向前纵向弧形移动，左手自然下垂。（图5-1-34）

右脚蹬地，向前上方跳起，腾空时身体向左后方旋转，双臂由身体带动。

左右脚依次落地，双脚内扣，双膝微屈成马步。左手向前变掌按至右大臂末

端，右手握刀，与落地同时，经上向下劈出，目视前方。（图5-1-35、图5-1-36）

要点：腾空转身动作要轻灵迅速。落地重心平稳，与劈刀同步完成，发力时力达刀身，目视前方。

图5-1-34

图5-1-35

图5-1-36

（17）转身弓步拦刀

身体左转，右腿蹬直，成左弓步。同时左掌由内向外展开，右手握刀向内，立刀，由身前向左向后弧形运动。（图5-1-37）

左手由前向右变掌平移至右肩前方，掌心朝右，右手握刀经后向下向左横拦，停于左腋下。双肘成90度，目视前方。（图5-1-38）

要点：动作与转身相互一致，拦刀至左腰间，目视前方。

图5-1-37

图5-1-38

（18）弓步抱刀

转身右弓步抹刀，上动不停，再回身成左弓步，同时右手握刀外翻，向后平圆移动至身前，手心朝下与左手在身前相合。左手手心朝上，交刀于左手反握，双肘微屈于体前，目视右前方。（图5-1-39、图5-1-40）

要点：动作要连贯一致，上身直立，目视前方。

图5-1-39

图5-1-40

收　势

身体右转，右手变掌，于体前经下向右向上弧形运动，然后从上向下按至体侧。同时左手抱刀垂于体侧，左脚撤回于右脚旁，双膝伸直，身体直立。然后右臂自然垂于身体右侧，目视前方。（图5-1-41～图5-1-44）

要点：调整呼吸，提腰收腹，形神自然，目视正前方。

图5-1-41

图5-1-42

图5-1-43

图5-1-44

第二节 剑 术

一、剑术概说

剑属双刃短兵，素有“百刃之君”之美称。剑最早出现在殷商以前，曾是战场上的最重要武器。随着铁制刀具的出现，剑在战场上的地位便逐渐被刀所替代。然而剑却在战场以外得到了广泛的发展，也被赋予了无比丰富的文化内涵。比如，古代皇帝授给亲信大臣的“尚方剑”，就被作为权力和地位的象征，具有“先斩后奏”的生杀大权。剑还被作为礼仪中显示地位等级的标志，如佩剑人的年龄不同，地位不同，装饰的金属或玉石等也有所不同。剑同时也被作为一种风雅佩饰，文人学士佩之以示高雅不俗。另外，剑还被僧、道等作为法器，说剑具有“隐身”“降妖”“伏魔”的功用，等等。在古代，剑几乎就指代武功，比如“华山论剑”，其实就是“华山比武”；“天下第一剑”就是指天下武功第一的人，等等。

武术拳种很多，各派剑术都有自己的风格、特点，但基本的剑法特点还是比较一致的。剑法演练起来造型优美，招式迭逞；动作轻盈洒脱，韵度自如；步伐轻灵稳健，敏捷多变；剑法规整清晰，身剑协调。故武谚有“剑如飞凤”“剑走美式”之说。

二、剑术技术要求

（一）剑法清晰

剑的柄短、身长、带尖、两面有刃、扁薄而有韧性，所以使用十分灵活，故有“短兵之帅”之称。由于剑器独特的构造及性能，决定了它本身具有的剑法颇多，要使剑法做到准确无误，首先，要明晰剑器各部的性能。例如：剑尖锐利，主于刺；剑锋呈斜形，主于点；两剑刃扁薄，主于劈。其次，要明其换把变招的特点。例如，刺剑握法应紧而不僵，采用螺形手法握把，使剑与手臂直线出击，力达剑尖。再次，要明晰剑法所要求的运动路线及方位（攻防目标）。例如，撩剑的运动路线为圆弧形，最终方位为前上或后下。而斩剑的运动路线为由左向右（或由右向左）的平行运动，最终方位为体侧。

（二）以巧制胜

拳谚道："剑走青，刀走黑。"青者，轻也。剑本身轻薄，不能硬挡硬架，而是逢坚避刃，遇隙削钢，凭借剑法的轻巧灵活、身法的躲闪变化来战胜对方。例如，当对方持硬兵械进攻时，应尽可能不用剑去格架对方的兵械，而是以闪躲避开对方的正面攻势，并借闪势，以剑锋崩点或拦击对方的腕部，遏制其进攻，这样既能使对方进攻落空，又能避免剑器的损坏。"以巧制胜"，使剑术的动作形成了姿势严谨、闪展灵活、方法多变的特点。

（三）持短入长

剑属短兵，在技击中，欲达到以短制长的目的，就必须做到疾步紧逼，正如《手臂录》中所说："短兵进退须足利，足如狡兔。"只有这样才能快速靠近对方，从而加长剑的攻击距离，短兵长用的这一技法特点决定了在剑术套路中多行步撩剑、穿剑等动作，形成了流畅不滞的运动特点。

（四）刚柔兼备

刚柔兼备是指在剑法运用中要体现有刚有柔的劲力法则，并参互使用。由于剑器小巧轻便，利于变化，因此在纵横逆顺、轻快流畅的运动中，随时蕴藏着变化莫测的技击招法和防敌、制敌意识，剑法的运用有刚有柔，体现了攻中有防、防中有攻的技击特点。从而决定了剑术在套路演练过程中要充分体现出轻快敏捷、潇洒飘逸、剑似飞凤的运动特点。因此，正确掌握和运用劲力的刚柔兼备，是提高剑技水平的重要环节。

三、剑术基础套路

（一）动作名称

第一段

预备式
1. 仙人指路
2. 弹腿反手扫剑
3. 踢膝刺剑
4. 弓步格剑
5. 弓步下截剑
6. 弓步平砍剑
7. 弹腿带剑
8. 纵步弓步刺剑
9. 虚步撩剑
10. 转身点剑

第二段

11. 弓步下劈剑
12. 丁步截剑
13. 跳转身歇步刺剑
14. 弓步平展剑
15. 回身平斩
16. 转身云剑刺剑
17. 回身弓步刺剑
18. 弓步接剑
19. 仙人回鹘

收　势

（二）动作说明

1. 第一段

预备式

双脚并步站立，左手持剑，右手成剑指，双手自然垂于体侧。（图5-2-1）

要点：挺胸，立腰。

（1）仙人指路

身体左转，左手提剑停于腰侧，右手剑指向正前方刺出。（图5-2-2）

要点：呼吸自然，目视剑指。

图5-2-1

图5-2-2

（2）弹腿反手扫剑

左脚上步，右脚向正前方，屈膝弹出。同时左手带剑，向前横扫，右手向后方平展，与肩同高。（图5-2-3、图5-2-4）

要点：动作连接轻快，重心平稳。

图5-2-3

图5-2-4

（3）踢膝刺剑

右脚落地，重心下蹲。双手向右腰间合拢，换左手正握剑柄，剑身保持水平，目视前方。（图5-2-5）

左腿踢膝，重心落于右腿，右腿蹬直。同时，左手变剑指，左臂臂向后展开，右手握剑，向正前方立刃刺出，目视前方。（图5-2-6）

要点：支撑腿保持垂直，刺剑时，力达剑尖。

图5-2-5

图5-2-6

（4）弓步格剑

左脚向左前方上步成左弓步。右手握剑向左前上方横格。左手剑指置于右手手腕处，左肘微屈。（图5-2-7）

要点：格剑的力点在剑身的中后段。

图5-2-7

图5-2-8

（5）弓步下截剑

右脚向正前方上步成右弓步。双手带剑自身体左侧经后，向右下方截出。目视剑身。（图5-2-8）

要点：截剑时，力达剑身。

（6）弓步平砍剑

左脚向正前方上步成左弓步。同时左臂从身体左侧撑起，置于头顶，手心朝上，左肘微屈，剑指朝右。右手握剑从头顶向前砍出，右臂伸直，剑身水平。（图5-2-9、图5-2-10）

要点：砍剑时力达剑身，要有寸劲。

图5-2-9

图5-2-10

（7）弹腿带剑

重心落于左腿，右腿提膝向前方弹出，同时双手向下收于右腰间，剑身水平。（图5-2-11）

图5-2-11

要点：弹腿时，力达脚尖，重心平稳。

（8）纵步弓步刺剑

右脚落地后即蹬地向前纵步，左右脚依次腾空后落地成右弓步，右手握剑向正前方刺出。同时左臂从身体左侧撑起停于头顶，剑指朝前。（图5-2-12～图5-2-15）

要点：腾空动作要轻盈灵活，手脚动作一致，刺剑时，力透剑尖。

图5-2-12

图5-2-13

图5-2-14

图5-2-15

（9）虚步撩剑

身体左转成左弓步，同时双手向斜前方带剑，左手置于右手手腕处，右手握

剑，剑身水平。（图5-2-16）

再向右回转身，左脚向前虚点，成高虚步。双手带剑经身体左侧从上向下再向上撩，停于右上方。双肘微屈，剑身立刃位于水平（图5-2-17、图5-2-18）。

要点：撩剑时，以身带手，以手带剑，成弧形运动。

图5-2-16

图5-2-17

图5-2-18

（10）转身点剑

身体向右向后转，重心落于左脚，右脚前点成虚步。同时右手向下点剑，手心朝内，力达剑尖。（图5-2-19、图5-2-20）

要点：点剑时，要提腕压剑，力达剑尖。

图5-2-19

图5-2-20

2. 第二段

（11）弓步下劈剑

右脚向左脚并步，身体直立。同时右手握剑自体前左侧，经上向下，左手向下按于右手手腕处。（图5-2-21、（图5-2-22）

左脚向左前方上步，成左弓步。同时右手自上向右下方劈出。左手剑指向上，停于头后，目视剑身。（图5-2-23）

要点：劈剑时，力达剑身，目视剑身。

图5-2-21

图5-2-22

图5-2-23

（12）丁步截剑

身体右转，左脚向右脚内侧并拢成丁字步。右手握剑向右下方截剑，目视剑身。（图5-2-24、图5-2-25）

要点：身体重心平稳，动作连贯。

图5-2-24

图5-2-25

（13）跳转身歇步刺剑

左脚落地，向前上步，左臂打开，向前伸直，右手握剑自右向上。剑尖朝前。（图5-2-26、图5-2-27）

右脚向前上步，身体左转，右手握剑经上向前向下，左手经前向下再向左，双臂成立圆运动。（图5-2-28）

右脚蹬地跳起，身体向左后方旋转，双臂随身体带动成立圆运动。左右脚依次落地，双膝屈膝下蹲成坐盘式。右手握剑自上向下，经腹前向左下方刺出，手心朝上。左手剑指按于右手手腕处。目视剑身。（图5-2-29 ~ 图5-2-31）

要点：腾空动作要轻灵快捷，保持重心稳定，双手立圆运动。

图5-2-26

图5-2-27

图5-2-28

图5-2-29

图5-2-30

图5-2-31

（14）弓步平展剑

身体右转，右脚向前上步成右弓步。同时右手握剑自身体前方，向右前平展。左手向后打开，手心朝下，目视前方。（图5-2-32）

要点：力点在剑身。

图5-2-32

（15）回身平斩

身体左转，重心左移。双手相合于胸前，左手剑指按于右手手腕处。（图5-2-33）

左脚向后方摆出，小腿略平行于水平。右手自胸前，向右平斩，目视剑身方向。左手向上摆，停于头顶，剑指朝右，手心朝上。（图5-2-34）

要点：身体平稳制动，协调一致。

图5-2-33

图5-2-34

（16）转身云剑刺剑

左脚向后落步，身体左转，双臂伸直打开。（图5-2-35）

身体继续左转。右腿踢膝，重心落于左腿。同时右手握剑自身体右侧，向上以手腕为圆心做水平圆周转动，然后收于右侧腰间，左手剑指按于右手手腕处。（图5-2-36~图5-2-38）

右脚向前落步成右弓步。右手握剑，向前立刃刺出，目视前方。左手向后伸直打开，剑指朝后。（图5-2-39）

要点：云剑时，仰头看剑，双手配合协调。

图5-2-35

图5-2-36

图5-2-37

图5-2-38

图5-2-39

（17）回身弓步刺剑

身体左转，成左弓步。右手握剑收回腰间后再向前立刃刺出，力达剑尖。左手剑指按于右肘。（图5-2-40）

要点：回身时要将剑带回腰间再刺出。

（18）弓步接剑

身体右转成右弓步，左臂伸直反向接剑，右手变剑指扶于剑柄处。目视剑指。（图5-2-41）

要点：左手接剑时手腕外翻，将剑贴于小臂。

图5-2-40

图5-2-41

（19）仙人回鹘

身体左转，左脚向后并于右脚旁，身体直立。左手带剑提于腰间。右手剑指自右耳旁向身体前方刺出。目视剑指方。（图5-2-42）

收 势

身体右转直立，双臂自然下垂，目视前方。（图5-2-43）

图5-2-42

图5-2-43

第三节 棍 术

一、棍术概说

棍，由于取材方便，是最早的兵器之一。作为武术器械中的长器械，棍是流传最为广泛，也是最为普及的器械，在武术的各类器械中，也是最易被初学者接受和掌握的器械。早在原始时代人们便利用树枝制成的棍棒进行防御自卫和猎取食物了。由于棍的形制特点，棍法主要有抡棍、劈棍、扫棍、盖把、崩棍、拨棍、戳棍等。棍术具有快速、勇猛、刚劲有力的特点，练起来棍法密集、风格泼辣、节奏鲜明、呼呼生风，有“棍打一大片”的功效。

二、棍术技术要求

（一）握法灵活

拳语说：“枪似游龙，棍若雨。”棍的特点似疾风暴雨，密而不疏。棍分棍梢、棍身和棍把3部分。在运动中，一般都是梢、身、把交互使用，变化多端。欲使棍法纵横、抡劈如意，握法灵活是第一要素。

棍的握法很多，一般常见的有阳手握法，即手心向上；阴手握法，即手心向下；阴阳手握法，即一手心向上，另一手心向下；对手握法，即虎口相对；交叉手握法，左右手交叉；滑动握法，一手滑出，等等。不同的棍法，或是棍法在运动之间的变化，都是由不同的握法为基础的。握法娴熟，将会对棍术水平的提高具有极大作用。

（二）棍法规整

棍法，是指以劈、抡、戳、撩等格斗法则为准绳，在棍理的指导和制约下形成的基本棍术方法。棍法内容很多，有劈、抡、戳、撩、挂、崩、点、扫、穿、拦、挑、架、托、云、提、砸、舞花等。不同流派的棍术套路，有各自不同的棍法，并在棍的内容和棍法运用方面，也各有侧重。但在主要方面，大体一致。每种棍法都有严谨的规格，遵循棍法的规格要求，操之熟练，运用得法，是棍术技法的根本所在。有了准确无误的棍法技能，方能在战术法则的启示下，组成风格各异、内容丰富、特点突出的棍术套路，同时也能完整地表达棍术的特色。

（三）梢把兼用

由于棍的形制特点，棍本身具有梢把兼用的特点，灵活多变，倏忽纵横的技击特色。基于这一基础，加之奇正开合，诈敲斗引的战术引导，棍术就有了密而不疏的条件。“枪似游龙，棍若雨”，“雨”即意味着密集。要达到密集，就必须梢把兼用，方能变化无穷，充分体现棍的技术风格。梢把兼用，首先应明了棍法要领，掌握用力规律和变化特点，由慢到快，反复练习，才能使梢把运用自如，如“戳把盖棍”“劈棍挑把”等，皆是梢把兼用的常法。

（四）势合力顺

势，即架势，姿势的意思；合，是指三盘六合，三体同功的意思；力顺，是指发力顺达。只有姿势协调，发力顺达，才能表现出棍术的正确技术。任何器械无不以身作势，棍术也不例外。势与力，合与顺，是有机地联系在一起的。架势的吞吐伸缩，起伏转换，直接和棍法的运用紧密关联。架势协调，方能械随身走，身械如一。势合，还有身与械合，把（握把）与法合，法与理合。有了以上三合，棍术自然会得心应手。

三、棍术基础套路

（一）动作名称

第一段

起　势
1. 弓步斜劈
2. 弓步截棍
3. 握把戳棍
4. 弓步劈棍
5. 马步挑把
6. 提膝蹬腿
7. 跳步戳棍
8. 马步劈棍

第二段

9. 左右拨棍
10. 马步正劈
11. 撤步横击
12. 弓步劈棍
13. 提膝格棍
14. 上步跳转
15. 插步戳把
16. 撤步横截
收　势

（二）动作说明

1. 第一段

起 势

两脚并步站立，左臂自然下垂于体侧，右手松握持棍于身体右侧，棍身垂直，目视前方。（图5-3-1）

右手提棍上举，右臂伸直；左手握住棍把，左臂放于胸前，目视左侧。（图5-3-2）

要点：挺胸、收腹、立腰；棍上举时，要轻快有力。

图5-3-1

图5-3-2

（1）弓步斜劈

左脚向左侧上步，两腿屈膝半蹲，成半马步。双手滑把握棍，左手握于棍把，右手握棍身。蹬右腿变左弓步，右手握棍向右前方劈棍，左手收于腰间，目视棍梢（图5-3-3、图5-3-4）

要点：左脚上步时棍要回带，劈棍时蹬腿发力。

图5-3-3

图5-3-4

（2）弓步截棍

身形不变，右手握棍向右下方截棍。左手置于肩侧，右手手心朝上，目视棍梢。（图5-3-5）

要点：截棍时，要以腰带棍，双手同时发力，力达棍梢。

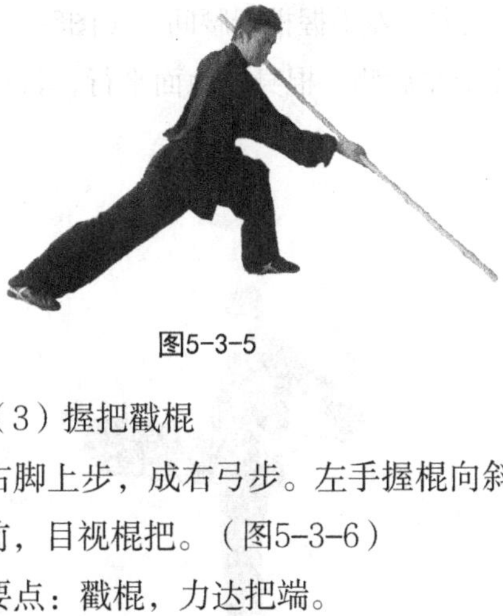

图5-3-5

图5-3-6

（3）握把戳棍

右脚上步，成右弓步。左手握棍向斜上方戳棍，左臂高于肩，右手虎口握棍置于胸前，目视棍把。（图5-3-6）

要点：戳棍，力达把端。

（4）弓步劈棍

左脚向前上步，右腿蹬直，成左弓步。同时身体稍前倾，左手握棍收于腰间，右手握棍身向前劈击，目视棍梢。（图5-3-7）

要点：劈棍时要以身带棍，身棍协调合一。

图5-3-7

图5-3-8

（5）马步挑把

向右转腰屈膝成马步。右手握棍收于腰间，左手握棍把横击，目视左前方。（图5-3-8）

要点：横击把时与转腰发力协调一致。

（6）提膝蹬腿

蹬腿转腰成左弓步，右手劈棍，停于右上方，左手握棍于腰间。（图5-3-9）

继而右脚上步提膝蹬腿，左手握棍回拉于左后侧，棍身与地面平行，目视蹬腿方向。（图5-3-10）

要点：蹬腿力达脚跟，重心保持平稳。

图5-3-9

图5-3-10

（7）跳步戳棍

右脚落地向前踏跳，落地成右弓步，双手握棍前戳，右臂伸直，目视前方。（图5-3-11～图5-3-13）

要点：落地成弓步与戳棍用力一致。

图5-3-11

图5-3-12

图5-3-13

（8）马步劈棍

左转腰成左弓步，右手发力向下拨棍，目视棍梢。（图5-3-14）

重心在左脚，右脚回撤成高虚步，双手握棍上举。（图5-3-15）

继而双腿下蹲成马步，右手下劈棍，棍身与地平行，目视右前方。（图5-3-16）

要点：劈棍右臂发力，力达棍梢。

图5-3-14

图5-3-15

图5-3-16

2. 第二段

（9）左右拨棍

身体起立，棍上举；然后重心移至右腿，左腿提膝，双手握棍，由上向下在身体左侧拨棍；上动不停，左脚落地，右膝提起，再向下在身体右侧拨棍；随后右脚

落地将棍举起，目视前方。（图5-3-17～图5-3-21）

要点：拨棍时将棍紧贴身体，棍走X形路线。

图5-3-17

图5-3-18

图5-3-19

图5-3-20

图5-3-21

（10）马步正劈

右脚落地成马步，双手握棍下劈，左手收于腰间，右臂伸直，力达棍身。目视棍梢。（图5-3-22、图5-3-22正面）

要点：劈棍时，发力与步法协调一致，力达棍身。

图5-3-22

图5-3-22正面

（11）撤步横击

左转身成左弓步，两手握棍使棍梢向左横击，右臂伸直，手心朝上；左手握棍收于左腰侧。目视棍梢。（图5-3-23）

图5-3-23

要点：击棍时，要拧腰转胯，发力顺畅。

（12）弓步劈棍

右脚上步内扣，成高虚步。身体微左转，右手握棍于右下方拦挡，左手握棍把回撤置于耳侧。（图5-3-24）

右脚后撤成左弓步。两手握棍向后向上向前下劈棍，右臂伸直，左手握棍收于左腰侧，力达棍梢。（图5-3-25）

要点：拦棍防守后紧接着劈棍还击。

图5-3-24

图5-3-25

（13）提膝格棍

右腿提膝，左手架于头部前上方，右手向下，使棍在体前格挡，目视棍身。（图5-3-26）

要点：保持支撑腿直立，重心平稳。

图5-3-26

（14）上步跳转

右脚前落，左脚上步，右脚再向前上步起跳，身体逆时针翻转一周，落地成马步；同时双手持棍随身体的翻转抡动一周，双脚落地成马步的同时，向下劈棍，目视前方。（图5-3-27～图5-3-32）

要点：跳起身体翻转时，棍随身体走立圆。

图5-3-27

图5-3-28

图5-3-29

图5-3-30

图5-3-31

图5-3-32

（15）插步戳把

左脚在右腿后成插步，双手握棍向左上举起，滑把后用棍把向右下用力戳击，力达把端，目视把端。（图5-3-33～图5-3-35）

要点：戳把时力达把端。

图5-3-33

图5-3-34

图5-3-35

（17）撤步横截

右脚后撤，成左弓步，双手握棍用棍把向左前方横击，力达棍把，目视棍把。（图5-3-36）

要点：横击时要转腰发力。

图5-3-36

收 势

身体右转，成半马步，同时双手持棍使棍把由左向右向下运动，使棍身立于身体右侧。目视右侧。（图5-3-37）

然后收左脚并步直立，左臂自然下垂，右手松握持棍，棍身垂直，目视前方。（图5-3-38）

要点：身体直立，挺胸、收腹、立腰，棍身要垂直。

图5-3-37

图5-3-38

第六章　武术格斗基本技术

武术格斗是两人直接对抗的搏斗运动形式，在练习和比赛过程中，一方面能够提高身体素质和身体健康以及保卫自身或他人安全，更为重要的是通过练习来提高武德修养和改进自身素养。武德作为习武者所应具备的一种美德，是练习武术搏斗运动的先决条件，也是维护社会安定的重要条件。因此，习练武术格斗技术应具有高尚的武德，并把武德修养作为自己的人生追求。

第一节　基础技术

在武术格斗中，格斗势和基本步法是保证格斗技术充分发挥的基础。只有掌握正确的格斗势和灵活的步法，才能提高自己的格斗技艺。

一、格斗势

格斗势通常称作实战姿势，是格斗前所采用的准备姿势。实战姿势分为左实战势和右实战势。以左实战势为例：两脚前后开立，两脚左右之间的距离约同肩宽，前脚跟与后脚尖距离也约同肩宽。左脚全脚掌着地，右脚前脚掌着地，脚跟稍抬起；两膝稍弯曲，上体含胸收腹，左臂屈曲约90度，拳眼与鼻尖平行。右臂屈曲约45度，拳置于颈部斜前方，两肘自然下垂，下颌内收，目视对方。（图6–1–1）

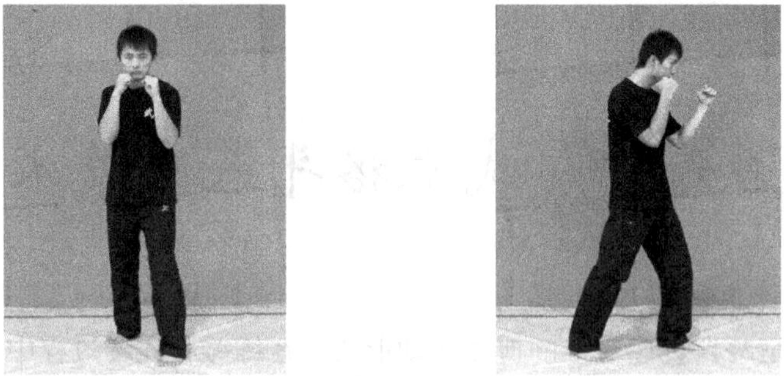

图6-1-1

二、基本步法

在武术格斗中，灵活而敏捷的步法在技术发挥中起关键作用。在调节重心、维持身体平衡以及进攻和防守占据有利位置、发挥最优攻势等方面起着积极的作用。因此，掌握基本步法并且灵活而敏捷的运用是提高实战能力的重要环节。以下步法均以左实战势为例。

（一）前进步

从实战势开始，左脚提起，向前进步，右脚迅速蹬地，跟进同样距离，还原成实战势。（图6-1-2①②③④）

① ② ③ ④

图6-1-2

动作要领：前脚进步时，后脚及时跟进。步幅适中，两脚贴地面前移以保持身体重心平稳推进。

（二）后退步

从左实战势开始，右脚向后退一步，左脚用力蹬地迅速后退同样距离，还原成实战势。（图6-1-3①②③④）

①　②　③　④

图6-1-3

动作要领：后脚后退时，前脚用力蹬地及时后退，重心移动平稳。

（三）侧移步

侧移步分为左侧移步和右侧移步。

1. 左侧移步

从实战势开始，左脚向左侧横跨一步，右脚脚掌内侧蹬地并迅速向左侧横跨跟进同样距离，还原成实战势。（图6-1-4①②③④）

①　②　③　④

图6-1-4

动作要领：左脚向左侧横跨1步，右脚及时蹬地和横跨，重心平稳。

2. 右侧移步

从实战势开始，右脚向右侧横跨一步，左脚脚掌内侧蹬地并迅速向右侧横跨跟进同样距离，还原成实战势。（图6-1-5①②③④）

①　　②　　③　　④

图6-1-5

动作要领：右侧横跨1步，左脚及时蹬地和横跨，重心平稳。

（四）插　步

从实战势开始，右脚经左脚后交叉上步，右脚前掌着地时，左脚及时向前上步，还原成实战势。（图6-1-6①②③）

①　　②　　③

图6-1-6

动作要领：后腿后叉落步，前脚及时上步，移动快、重心稳。

第二节　手法技术

手法是武术格斗中最便捷的技术，良好的手法技术能给敌人以沉重的打击。武术格斗中手法技术主要包括拳法和肘法。

一、基本拳法

在武术搏斗中常用的拳法技术有直拳、摆拳、勾拳等几种。在实战中，拳法技术具有灵活和快速的特点，并且能任意配合其他技术使用，它能以最短的距离，最短的时间击中敌人，给敌人形成巨大的威胁。

（一）直　拳

直拳主要包括右手直拳和左手直拳。

1. 右手直拳

左实战势站立，右脚微蹬地，同时向左转髋、送肩致使身体重心稍向左脚移动，与此同时右拳沿直线旋转向前冲击，力达拳面，左拳自然收回并护于左下颌旁。（图6-2-1①②）

①　　②

图6-2-1

动作要领：蹬地、转髋、送肩、一拳沿直线旋转向前冲击、另一拳自然收回并护于同侧下颌旁，身体重心稍有变化。

【实战范例】

例一：右手直拳攻击对方头面部。（图6-2-2）

图6-2-2

例二：当对方用右腿鞭击我左侧肋部时，我方要急速进左步，用左手拳屈肘格挡防守，同时右手拳直击对方头面部。（图6-2-3①②）

①

②

图6-2-3

例三：当对方右腿鞭击腿部时，左手拳内旋外挂防守，同时右拳直击对方头面部。（图6-2-4①②③④）

①

②

③

④

图6-2-4

2. 左手直拳

左实战势站立，右脚微蹬地，同时向右微转髋、送左肩，与此同时左拳沿直线向前冲击，力达拳面，右拳自然收回并护于右下颌旁。（图6-2-5①②）

①

②

图6-2-5

动作要领：稍蹬地、转髋、送肩、一拳向前直击、另一拳护于同侧下颌旁。

【实战范例】

例一：左手直拳攻击对方头部。（图6-2-6）

例二：当对方用左直拳或左摆拳攻击我头部时，我方要急速进左步，用右手拳屈肘格挡防守，同时左手拳直击对方头部。（图6-2-7①②）

图6-2-6

① ②

图6-2-7

（二）摆 拳

摆拳主要包括右手摆拳和左手摆拳。

1. 右手摆拳

左实战势站立，右脚蹬地，身体左转；同时抬起右臂并内旋前臂，右拳借助转体之势成弧形横扫击打，力达拳面，大小臂夹角约130度，左拳自然收回护于颌侧前部。（图6-2-8①②）

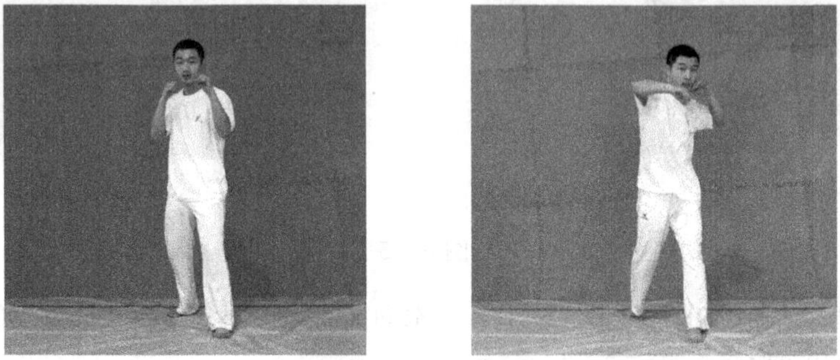

① ②

图6-2-8

动作要领：蹬地、转体、抬臂内旋、弧形横扫击打。

【实战范例】

例一：虚晃左手拳、进左步，右摆拳横扫击打对方头部。（图6-2-9）

图6-2-9

图6-2-10

例二：当对方用右腿鞭击并被我方抱住时，我方可顺势用右手摆拳横扫击打对方头部。（图6-2-10）

例三：当对方用右手摆拳或直拳击对方时，可以用左手拳格挡，并用右手摆拳横扫击打对方头部。（图6-2-11①②）

①　②

图6-2-11

2. 左手摆拳

左实战势站立，左脚蹬地，身体右转；同时抬起左臂并内旋前臂，左拳借助转体之势成弧形横扫击打，力达拳面，大小臂夹角约130度，右拳自然收回护于颌侧前部。（图6-2-12①②）

①

②

图6-2-12

动作要领：蹬地、转体、抬臂内旋、弧形横扫击打。

【实战范例】

例一：虚晃右手拳、进左步，左手摆拳横扫击打对方头部。（图6-2-13）

图6-2-13

例二：当对方用左腿鞭击我右侧躯体时，我方要急速进左步，用右手拳屈肘格挡防守，同时左手摆拳横扫击打头部。（图6-2-14①②）

①

②

图6-2-14

（三）勾　拳

勾拳主要包括右手勾拳和左手勾拳。

1. 右手勾拳

左实战势站立，上体稍向右侧倾，重心略下沉，右拳微下落，随即右脚蹬地，上体左转，挺腹前送右髋，屈臂右拳由下向上勾击，力达拳面，大小臂夹角约90度，左拳自然回收护于颌前。（图6-2-15①②③）

①　②　③

图6-2-15

动作要领：蹬地转体、挺腹送髋、由下向上屈臂勾击。

【实战范例】

例一：假动作虚晃，忽然上体靠近对方，用右手拳勾击其腹部或下颌。（图6-2-16）

例二：双方在贴身缠抱时，用右拳勾击其下颌、腹部或肋部等。（图6-2-17）

图6-2-16

图6-2-17

2. 左手勾拳

左实战势站立，上体稍向左侧倾，重心略下沉，左拳微下落，随即左脚蹬地，上体右转，挺腹前送左髋，屈臂左拳由下向上勾击，力达拳面，大小臂夹角约90度，右拳自然回收护于颌前。（图6-2-18①②③）

① ② ③

图6-2-18

动作要领：蹬地转体、挺腹送髋、由下向上屈臂勾击。

【实战范例】

例一：假动作虚晃，忽然上体靠近对方，用左手拳勾击其腹部或下颌。（图6-2-19）

例二：当对方下潜准备抱我方腿时，可用左手勾拳击打对手下颌部或面部。（图6-2-20）

图6-2-19

图6-2-20

二、基本肘法

肘是具有强大威力的武器，肘击法即是利用屈肘时向外凸起的肘骨和接近肘骨的臂部来进攻或防守的方法。

从力学的角度看，肘比手距肩近，力臂短，肘比手更能充分利用身体的力量，因而其攻击力量更大。而且肘骨比手脚更加坚硬，因此杀伤力更强。俗语说：“宁挨十拳，不吃一肘。”可见肘法的在格斗中的威力。肘法的特点可以概括为“短、快、硬”。在实战中如果将手和肘配合运用，能更有效地显示肘的威力，故拳家论曰：“远使手，近使肘，贴身靠打情不留。”

常用的肘法主要有摆肘、横肘、挑肘、砸肘等。

（一）摆　肘

摆肘通常用于打击面部或者肋部目标。摆肘包括右摆肘和左摆肘。它们动作相同，唯方向相反。

以右摆肘为例，左实战势，练习右摆肘时，抬起右臂，弯曲肘关节，使上臂与上体成90度夹角，上臂与前臂成30度夹角，然后右脚蹬地，重心移向左脚；同时，逆时针扭转上体，将右肘向左沿弧线撞击。（图6-2-21）

动作要领：屈肘、蹬地转体、撞击肘部。

【实战范例】

例一：当对方用右手直拳攻击我方头面部时，可以略微弯曲关节进步，身体向下闪避，并右摆肘击打对手的肋部或者腹部区域。（图6-2-22）

图6-2-21

图6-2-22

①

②

图6-2-23

例二：当对手用右直拳攻击我方头面部时，进步用左臂格挡来拳，同时用右摆肘击打对手颌部或颈部等。（图6-2-23①②）

（二）横　肘

横肘通常用于打击肋部目标。横肘包括上步横肘和转身横肘。下面以实战范例来讲解。

1. 上步横肘

当对手用右直拳攻击我方头面部时，上右步，屈双臂格挡并旋带对方直拳后，用右肘横击胸肋部等。（图6-2-24①②③④）

①

②

③

④

图6-2-24

动作要领：上步屈臂格挡并旋带、横击。

2. 转身横肘

当对手用左直拳攻击我方头面部时，进左步同时屈双臂格挡，与此同时身体旋转、双臂旋带对方直拳并背右步后，迅速并顺势用右肘横击对方胸肋部等。（图6-2-25①②③④）

①

②

③

④

图6-2-25

动作要领：进步屈臂格挡、旋转身体、旋带双臂、顺势横击。

（三）挑 肘

图6-2-26

以右挑肘为例，左实战势，练习右挑肘时，弯曲右肘关节，使上臂与前臂之间的夹角尽可能地小，然后右脚蹬地送髋，重心移向左脚；同时将右肘沿弧线由下向上挑击（图6-2-26）。

动作要领：屈肘、蹬地送髋、挑击。

【实战范例】

当对方用右手直拳攻击我方头面部时，可以略微弯曲关节进步并用左臂格挡对方右直拳，而后急速上右步，右肘挑击对手的胸部或者下颌部区域等。（图6-2-27①②③）

① ② ③
图6-2-27

（四）砸 肘

砸肘是指用肘部由上向下击打的动作。

动作要领：屈肘、降重心、下砸。

【实战范例】

当对方用右手直拳攻击我方头面部时，可以略微弯曲关节进步并用左臂格挡对方右直拳，右手从对方的颈部右侧绕至脖后部并按压，与此同时顺势用左肘砸击对

手后背的胸椎或者腰椎部等区域。（图6-2-28①②③④⑤⑥）

图6-2-28

第三节　腿法与膝法技术

腿法内容丰富，格斗中腿法灵活机动，变化多端，攻击距离远，力度大；还具有隐蔽性，突击性等特点。俗话说“手是两扇门，全凭脚打人。”就说明了腿法在实战中的重要性。

一、基本腿法

（一）弹　腿

以右弹腿为例，左势站立，屈髋并以大腿带动小腿使大小腿自然折叠，脚背绷直，随即由曲到伸，向右前弹出，力达脚背。（图6-3-1①②③④）

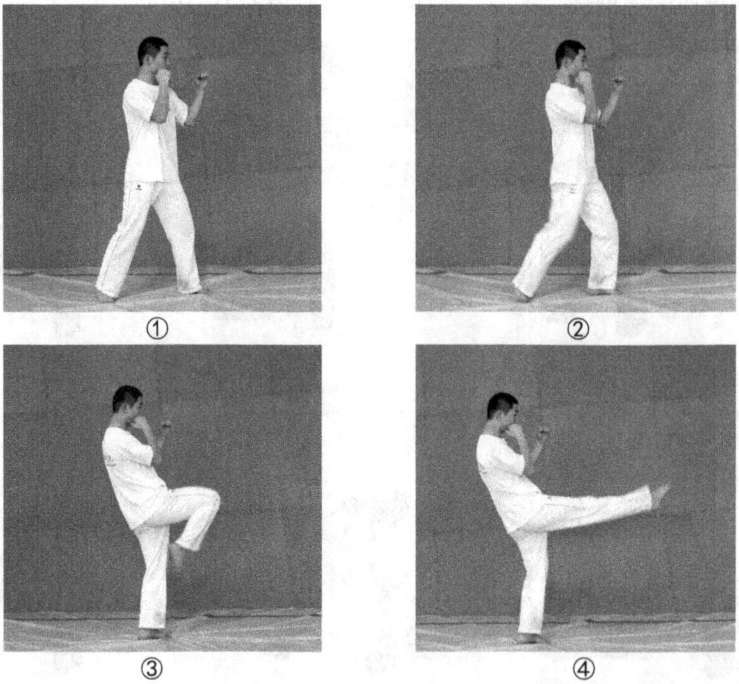
图6-3-1

动作要领：屈髋、大腿带动小腿折叠、前弹、力达脚背。

【实战范例】

左侧弹腿佯攻对方下肢，随即右侧弹腿突击对方裆部。（图6-3-2）

图6-3-2

（二）正蹬腿

以右正蹬腿为例，左势站立，身体重心稍后移，同时右腿屈膝提起，屈肩向前，脚尖上钩，随即从脚跟领先向前蹬出，力达脚跟。

动作要领：屈膝提起、上钩脚尖、脚跟领先前蹬、力达脚跟。

【实战范例】

左侧弹腿佯攻对方下肢，当对方运用截腿来阻击时，我方突然用右腿抢先蹬击对方胸腹部。（图6-3-3①②③）

①　②　③

图6-3-3

（三）侧踹腿

以左侧踹腿为例，左势站立，身体重心后移，上体稍右转，同时左屈膝提起，脚尖勾起，随即展髋，使脚掌正对攻击方向，使之迅速由屈到伸，向前踹出，力达脚跟。（图6-3-4①②③④）

①　②　③　④

图6-3-4

动作要领：屈膝提起，勾脚展髋、向前踹出、力达脚跟。

【实战范例】

用右弹腿假装攻击对方下肢，随即后转身用左腿踹击对方胸腹部。（图6-3-5）

图6-3-5

（四）鞭　腿

以右鞭腿为例，左势站立，右腿屈膝抬起，向左转髋，脚面绷直；同时，右腿向攻击目标前送，在即将抵达攻击目标时伸膝摆小腿，加速击打力量，力达脚背。（图6-3-6①②③）

动作要领：屈膝抬起、转髋绷脚、伸膝摆小腿、力达脚背。

①　②　③

图6-3-6

（五）截　腿

以右截腿为例，左势站立，重心移到左腿，上体稍左转，同时右腿摆旋提起，脚尖勾起并外翻，随即向前下方截击。

动作要领：腿摆旋提起、勾脚外翻、下截。

【实战范例】

例一：当对方抬左腿攻击时，抢先出腿截击其小腿。（图6-3-7）。

图6-3-7

图6-3-8

例二：当对方抬右腿攻击时，抢先出腿截击其小腿。（图6-3-8）

二、基本膝法

（一）正顶膝

以右正顶膝为例，左势站立，身体重心前移，同时右腿屈髋提膝前顶，力达膝部。

动作要领：重心前移、屈髋提膝前顶、力达膝部。

【实战范例】

左侧弹腿佯攻对方下肢，当对方运用截腿来阻击时，我方突然进步，用双手抱其颈后部并用右腿屈髋提膝向前顶击对方胸腹部。（图6-3-9）

图6-3-9

（二）跳顶膝

以右跳顶膝为例，左势站立，上右步蹬地后，及时屈左髋抬提膝，在左腿下降时，屈右髋提膝前顶，力达膝部。

动作要领：蹬地、屈髋、提膝。

【实战范例】

当对手在实战过程中其重心不稳之际，我方突然进步运用跳顶膝攻击对方胸腹部和下颌部等。（图6-3-10①②③④⑤）

① ② ③ ④ ⑤

图6-3-10

（三）侧顶膝

以右侧顶膝为例，左势站立，右腿屈膝展髋抬起并脚面绷直，向左弧形送髋，以髋带大腿和膝部向前顶送；力达膝部。

动作要领：屈膝展髋提起、绷脚、弧形送髋顶送。

【实战范例】

左侧弹腿佯攻对方下肢，当对方运用截腿来阻击时，我方突然进步，用双手抱其颈后部并用右侧膝顶顶击对方胸肋部。（图6-3-11）

图6-3-11

第四节　摔法与擒拿技术

摔法是在格斗中运用巧妙的技法使对手失去平衡倒地的方法，是武术格斗中重要的方法之一。而拿法是利用人体关节原理控制敌人身体某个部位使其失去战斗力的方法。巧妙地使用摔法和拿法，不仅可以有效阻止敌手拳腿技术的进攻，而且可以重创敌人，使其失去战斗力。

一、基本摔法

（一）抱双腿前顶摔

当抱住对方双腿时，此时对方极可能下压，此时我方要迅速屈肘，两手用力回拉，同时用左肩前顶对方髋腹部，将对摔倒。（图6-4-1①②③④）

①　②　③　④

图6-4-1

动作要领：抱双腿、屈肘回拉、肩顶髋腹部。

（二）抱单腿拉腿摔

当抱住对方单腿并被对方下压防守时，我方右腿及时后撤并右手迅速屈肘，回拉对方小腿下边，同时用左肩下压其腿根部，将其摔出。（图6-4-2①②③④）

① ② ③ ④

图6-4-2

动作要领：抱单腿、撤腿屈肘拉小腿、肩压腿根部。

（三）抱单腿别腿摔

抱对方前腿后突然上抬，对方会本能性地使重心下降，此时我方顺势用左手及时前伸，别其支撑腿膝后部，同时右手后拉对方左腿，拧腰变脸，左肩顶压对方腿内侧将对方摔倒。（图6-4-3①②③④）

①

②

③

④

图6-4-3

动作要领：上抬前腿、伸手别、长腰变脸、肩顶压腿内侧。

（四）夹颈过背摔

右屈臂夹对方颈部，背步转体使背向对方，两腿屈膝用右后侧髋部紧贴对方前身，然后两腿蹲伸，低头弯腰，将对方经背侧由后向前摔倒。（图6-4-4①②③④）

①

②

③

④

图6-4-4

动作要领：夹颈、背步转体、屈膝蹲伸。

（五）接腿转压摔

当对方用左侧弹腿踢击时，我方速进左步。右手抄抱膝窝处，左手抓其小腿下端，随即右步后撤，上体前俯并右转，同时两手旋压形成合力将其摔倒。（图6-4-5①②③④）

①

②

③

④

图6-4-5

动作要领：进步、抱腿、撤步、压肩。

（六）接腿别腿摔

当对方用左侧弹腿踢击时，进左步用左手抄抱其膝窝，右手抓其小腿下端，随即右脚经左腿后插，而后以右脚为支撑，我方左腿顺势插别对方支撑腿，同时向右转体将其摔倒。（图6-4-6①②③④）

动作要领：抄抱膝窝、插腿同时转体。

①　②　③　④

图6-4-6

（七）接腿勾踢摔

当对方用左侧鞭腿踢击时，我方上右步，同时左手和右手抄接其小腿，而后快速上左步接近对方并抬举对方左腿，顺势用右腿勾踢对方支撑腿脚踝部位将其摔倒。（图6-4-7①②③④）

①

②

③

④

图6-4-7

动作要领：抄接小腿、上步举腿、顺势踢支撑腿。

（八）接腿上托摔

当对方用右正蹬腿踢击时，我方两手接握其小腿下端，随即屈臂上抬。同时进左步，向前上方推展将其摔倒。（图6-4-8①②③④）

①

②

③　④

图6-4-8

动作要领：接握小腿、屈臂上抬、推展。

（九）手别摔

①　②　③

图6-4-9

两人相抱，我方背右步贴近对方，左胯填入，而后用左手别住对方左腿膝外侧。右手臂锁紧对方左手臂，向右长腰变脸，将对方摔倒。（图6-4-9①②③）

动作要领：贴近、别腿膝外侧、长腰。

二、擒拿技术

（一）抓腕断臂

对方右手抓我方肩部或胸部时，我方右手拿住对方右手腕，同时右腿向右斜前方进步，随即身体往右稍转，含胸收腹往下沉，同时左臂屈肘由左上方向内向下砸击对方右臂肘关节，对方臂即断。（图6-4-10①②）

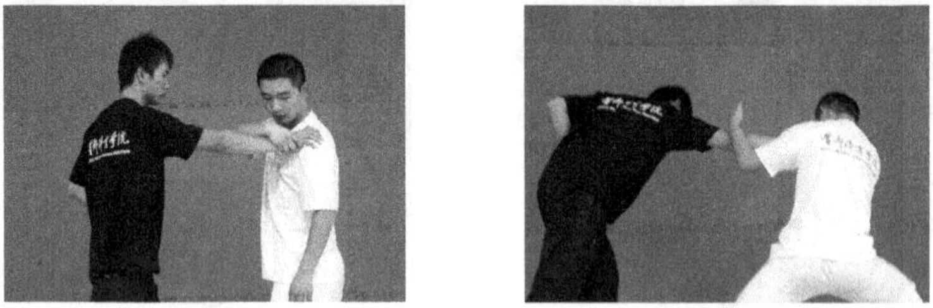

① ②

图6-4-10

动作要领：压拿手背、转体砸肘关节。

（二）拿臂托肘

对方右手抓我方左腕时，我方身体左转卷握对方右腕前推，同时右手托拉对方右手肘关节使其弯曲，迫使对方身体向上、向后仰倒。（图6-4-11①②③④）

动作要领：卷握手腕前推同时托拉肘关节。

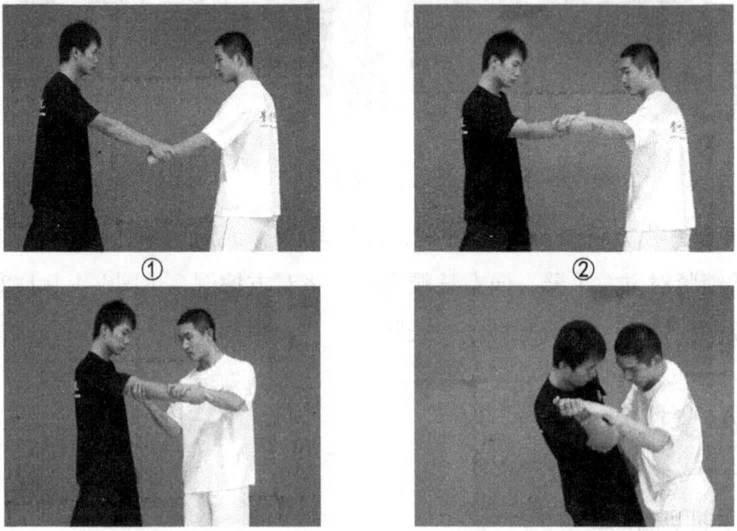

① ② ③ ④

图6-4-11

（三）金丝缠腕

对方右手抓我方右腕时，左手及时盖压对方右手；当形成三手相叠之时，右手卷握对方右腕斜带，同时用左肘下压对方肘关节。（图6-4-12①②③）

动作要领：盖压、卷握并斜带手腕、压肘。

①　②　③

图6-4-12

（四）反手封喉

对方从后反抓我右手，我方身体顺势向左后转并转脸，左手虎口张开，掌心向后并以掌跟封推对方喉或下颌部位，使其后仰而倒地。（图6-4-13①②）

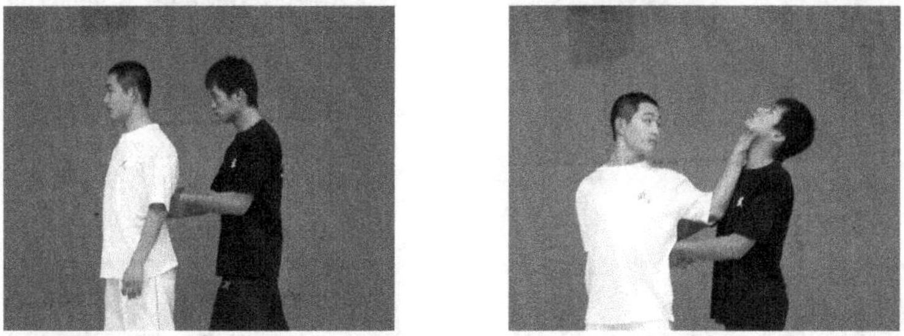

①　②

图6-4-13

动作要领：顺势后转、张开虎口、封推喉或下颌。

（五）转身扛肘

对方左手欲抓我之时，我方双手快速缠抓其左腕，逆时针方向划弧，与此同时我方身体顺势下潜转身，进肩、拉臂、拱身从而断其肘关节。（图6-4-14①②③）

动作要领：缠抓腕部画弧。

①　②　③

图6-4-14

（六）仰撞搬腿

对方从身后突然抱住我方腰部，我方随即重心下降，同时顺势下蹲，两手从自己裆内搬起对方右腿向前向上提拉，同时臀部下坐，迫使其后倒。（图6-4-15①②③④）

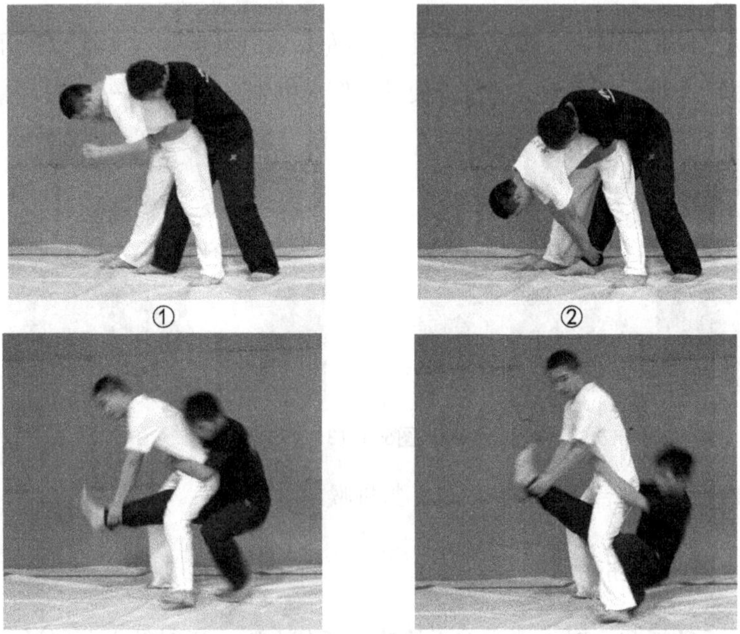

①　②　③　④

图6-4-15

动作要领：搬腿、下坐同时进行。

（七）提膝撞裆

当对方双手抓我方双肩之时，我方双手从其两臂之间上穿并抱握对方颈背，与此同时，我方右膝急速上顶撞其裆部。（图6-4-16①②③）

动作要领：穿臂、抱握颈背同时撞裆。

①　②　③

图6-4-16

第七章 武术健身功法

随着人民生活水平和质量的不断提高，人们对身体健康的要求大大地提高了。将武术功法进行创编，为人民大众健康服务是武术功法发展和生存的最佳选择。本章重点介绍武术健身功法中的易筋经、八段锦、五禽戏这三种“内壮功”。

第一节 易筋经

易筋经是一种内外兼修的导引强身功法，“易”是变通、改换、脱换的意思，“筋”指筋骨、筋膜，“经”则带有指南、法典之意。它的主要特点是动静结合，内静以收心调息，外动以强筋壮骨。按现代医学观点来看，修习易筋经，会使人体血液循环加强，从而改善人体的内脏功能，推迟衰老。

一、功法特点及要求

（一）精神放松，形意合一

“头正气顺，气顺神旺”“抱神以静，形将自正”等表明了形为神之舍，神为形之主的形神关系。精神放松首先要形体放松，两者本为一体，相互联系，相互促进，相互制约。形体放松，特别是头部的动作要领对精神放松至关重要。在练习时要求头顶虚领，下颏回收，使颈椎保持正常的生理曲度。

意为气之帅，气为血之帅，气血是构成人体的基本物质。在练习本功法过程中，不要有多余的意念或妄想。做到意随形走，意气相随，形断意不断。

（二）呼吸自然，贯穿始终

在练习过程中应运用自然呼吸法，要求呼吸自然、柔和、流畅、不闭气、憋气、不刻意追求呼吸的深长绵绵，细柔缓缓，也不刻意追求呼吸与动作配合，不要让呼吸成为心理负担。

但是值得注意的是，运用自然呼吸，不要误认为是不讲究呼吸方法。随着对动作的熟练掌握，呼或吸会自然地配合动作开或合，一般的规律是以伸展动作配合呼气，以收缩为主的动作配合吸气，以脊柱旋转为主的动作配合呼气，脊柱旋转之后的伸展动作配合吸气，下蹲时呼气，起身时吸气。

（三）刚柔相济，虚实相兼

在练习易筋经过程中要求刚中有柔，柔中有刚；圆中有方，方中有圆；虚中有实，实中有虚；直中有曲，曲中有直等阴阳变化的方法，以刺激机体，达到易血、易肉、易筋、易骨、易髓的强健目的。

如果动作过刚、过紧、过实，椎体之间的关节牵引不开，活动幅度小;如果动作过柔、过松、过虚，则牵引无力。因此，在易筋经十二势中均应体现刚柔有度，松紧得当，虚实适宜的要领。

（四）循序渐进，以人为本

练习者的年龄、性别、职业和健康状况各不相同，因此，在练习时可以根据自己的实际情况灵活选择各势动作的幅度或重心的高低，应遵循由易到难，由浅到深，循序渐进的原则。不应有争强好胜之心，不要与别人攀比，不要追求动作的标准和统一。练习是自己的修行，而不是为了给别人看的。随着练习的深入，身体素质的提高，动作会自然达到标准和统一。

二、练习方法及动作要点

（一）基本手形

1. 龙　爪

五指伸直、分开，拇指、食指、无名指、小指内收。（图7-1-1、图7-1-2）

图7-1-1

图7-1-2

2. 虎爪

五指分开，虎口撑圆，拇指、食指、中指、无名指、小指的第一、二指节内扣。（图7-1-3）

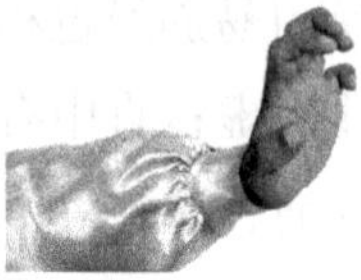

图7-1-3

（二）全套动作

1. 预备式

（1）动作方法

两脚并拢站立，两手自然垂于体侧；下颏微收，百会虚领，唇齿合拢，舌自然平贴于上腭；目视前方。

（2）动作要点

全身放松，身体中正，呼吸自然，目光内含，心平气和。

2. 韦驮献杵第一式

（1）练习方法

左脚向左侧开半步，约与肩同宽，两膝微屈，成开立姿势，两手自然垂于体侧。两臂自体侧向前抬至前平举，掌心相对，指尖向前。两臂屈肘，自然回收，指尖向斜前上方约30度，两掌合于胸前，掌根与膻中穴同高，虚腋；目视前下方。动作稍停。（图7-1-4）

图7-1-4

（2）动作要点

松肩虚腋。两掌合于胸前，应稍停片刻，以达气定神敛之功效。

3. 韦驮献杵第二式

(1) 练习方法

两肘抬起，两掌伸平，手指相对，掌心向下，掌臂约与肩成水平两掌向前，掌心向下，指尖向前。两臂向左右分开至侧平举，掌心向下，指尖向外。五指自然并拢，坐腕立掌；目视前下方。（图7-1-5）

图7-1-5

(2) 动作要点

两掌外撑，力在掌根。坐腕立掌时脚趾抓地。自然呼吸，气定神敛。

4. 韦驮献杵第三势

(1) 练习方法

松腕的同时两臂向前平举内收至胸前平屈，掌心向下，掌与胸相距约一拳；目视前下方。两掌同时内旋，翻掌至耳垂下，掌心向上，虎口相对，两肘外展，约与肩平。身体重心前移至前脚掌支撑，提踵；同时，两掌上托至头顶，掌心向上，展肩伸肘；微收下颏，舌抵上腭，咬紧牙关。静立片刻。（图7-1-6）

图7-1-6

(2) 动作要点

两掌上托时前脚掌支撑，力达四肢，下沉上托，脊柱竖直同时身体重心稍前移。上托时，意想通过“天门”关注两掌，目视前下方，自然呼吸。

5. 摘星换斗势

(1) 练习方法

两脚跟缓缓落地；同时，两手握拳，拳心向外，两臂下落至侧上举。随后两拳缓缓伸开变掌，掌心斜向下，全身放松；目视前下方。身体左转；屈膝；同时，右臂上举经体前下摆至左髋关节外侧“摘星”，右掌自然张开；左臂经体侧下摆至体后，左手背轻贴命门；目视右掌。直膝，身体转正；同时，右手经体前向额上摆至头顶右上方，松腕，肘微屈，掌心向下，手指向左，中指尖垂直于肩髃穴；左手背轻贴命门，意注命门；右臂上摆时眼随手走，定势后目视掌心。静立片刻，然后两

臂向体侧自然伸展。右摘星换斗势与左摘星换斗势动作相同，惟方向相反。（图7-1-7）

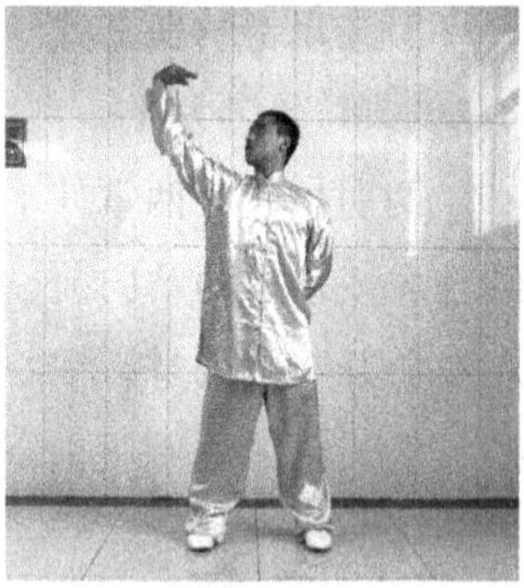

图7-1-7

（2）动作要点

转身以腰带肩，以肩带臂。目视掌心，意注命门，自然呼吸。颈、肩病患者，动作幅度的大小可灵活掌握。

6. 倒拽九牛尾势

（1）练习方法

双膝微屈，身体重心右移，左脚向左侧后方约45度撤步；右脚跟内转，右腿屈膝成右弓步；同时，左手内旋，向前、向下画弧后伸，小指到拇指逐个相握成拳，拳心向上；右手向前上方划弧，伸至与肩平时小指到拇指逐个相握成拳，拳心向上，稍高于肩；目视右拳。身体重心后移，左膝微屈；腰稍后转，以腰带肩，以肩带臂；右臂外旋，左臂内旋，屈肘内收；目视右拳。身体重心前移，屈膝成弓步；腰稍左转，以腰带肩，以肩带臂，两臂放松前后伸展；目视右拳。重复二至三动3遍。身体重心前移至右脚，左脚收回，右脚尖转正，成开立姿势；同时，两臂自然垂于体侧；目视前方。左倒拽九牛尾势与右倒拽九牛尾势动作、次数相同，唯方向相反。（图7-1-8）

图7-1-8

（2）动作要点

以腰带肩，以肩带臂，力贯双膀。腹部放松，目视拳心。前后拉伸，松紧适宜，并与腰的旋转紧密配合。后退步时，注意掌握重心，身体平稳。

7. 出爪亮翅势

（1）练习方法

身体重心移至左脚，右脚收回，成开立姿势；右臂外旋，左臂内旋，摆至侧平举，两掌心向前，环抱至体前，两臂内收，两手变柳叶掌立于云门穴前，掌心相对，指尖向上；目视前下方。展肩扩胸，然后松肩，两臂缓缓前伸，并逐渐转掌心向前，成荷叶掌，指尖向上；瞪目。松腕，屈肘，收臂，立柳叶掌于云门穴；目视前下方。重复二至三动，3～7遍。

（2）动作要点

出掌时身体正直，瞪眼怒目，同时，两掌运用内劲前伸，先轻如推窗，后重如排山，收掌时如海水还潮。注意出掌时为荷叶掌，收掌于云门穴时为柳叶掌。收掌时自然吸气，推掌时自然呼气。（图7-1-9）

图7-1-9

8. 九鬼拔马刀势

（1）练习方法

躯干右转。同时，右手外旋，掌心向上；左手内旋，掌心向下。随后右手由胸前内收经右腋下后伸，掌心向外；同时，左手由胸前伸至前上方，掌心向外。

躯干稍左移；同时，右手经体侧向前上摆至头前上方后屈肘，由后向左绕头半周，掌心掩耳；左手经体左侧下摆至左后，屈肘，手背贴于脊柱，掌心向后，指尖向上；头右转，右手中指按压耳廓，手掌扶按玉枕；目随右手动，定势后视后方。

身体右转，展臂扩胸；目视右上方，动作稍停屈膝；同时，上体左转，右臂内收，含胸；左手沿脊柱尽量上推；目视右脚跟，动作稍停。重复二至三动3遍。直膝，身体转正；右手向上经头顶上方向下至侧平举，同时，左手经体侧向上至侧平举，两掌心向下；目视前下方。左九鬼拔马刀势与右九鬼拔马刀势动作、次数相同；唯方向相反。（图7-1-10）

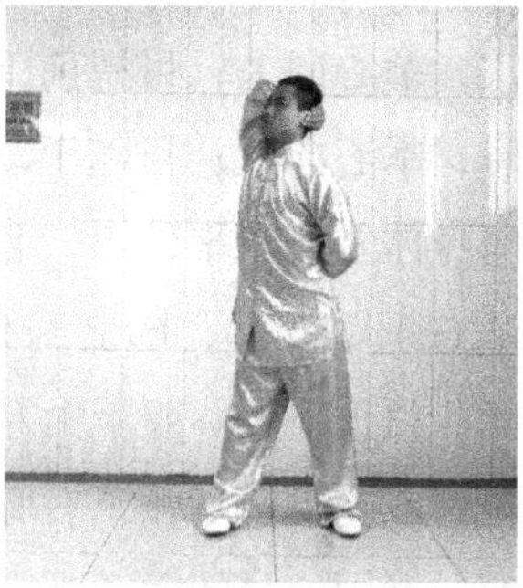
图7-1-10

（2）动作要点

动作对拔拉伸，尽量用力；身体自然弯曲转动，协调一致。扩胸展臂时自然吸气，松肩合臂时自然呼气。两臂内合、上抬时自然呼气，起身展臂时自然吸气。

9. 三盘落地势

（1）练习方法

左脚向左侧开步，两脚距离约宽于肩，脚尖向前；目视前下方。屈膝下蹲；同时，沉肩、坠肘，两掌逐渐用力下按至约与环跳穴同高，两肘微屈，掌心向下，指

尖向外，目视前方。同时，口吐“嗨”音吐尽时，舌尖向前轻抵上下牙之间，终止吐音。

翻转掌心向上，肘微屈，上托至侧平举，同时，缓缓起身直立；目视前方。

重复一至二动3遍。第一遍微蹲，第二遍半蹲，第三遍全蹲。（图7-1-11）

图7-1-11

（2）动作要点

下蹲时，松腰、裹臀，起身时，两掌如托千斤重物。下蹲依次加大幅度。下蹲与起身时，上体始终保持正直，不应前俯或后仰。吐“嗨”音时，口微张，上唇着力压龈交穴，下唇松，不着力于承浆穴，音从喉部发出。瞪眼闭口时，舌抵上腭，身体中正按舒。

10. 青龙探爪势

（1）练习方法

左脚收回半步，约与肩同宽；两手握固，两臂屈肘内收至腰间，拳轮贴于章门穴，拳心向上；目视前下方。然后右拳变掌，右臂伸直，经下向右侧外展，略低于肩，掌心向上；目随手动。右臂屈肘、屈腕，右掌变“龙爪”，指尖向左，经下颏向身体左侧水平伸出，目随手动；躯干随之向左转约90度；目视右掌指所指方向。

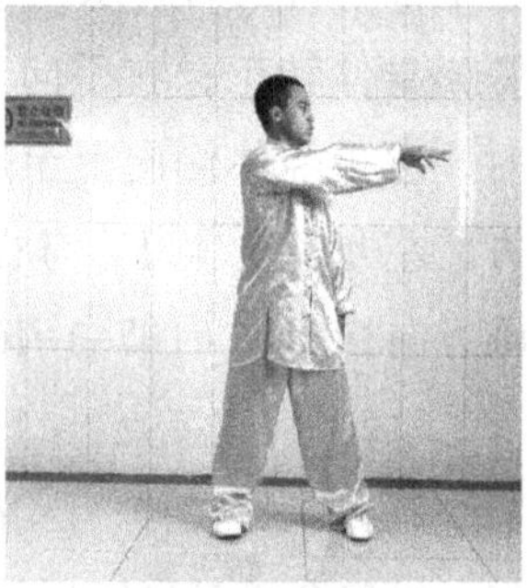

“右爪”变掌，随之身体左前屈，掌心向下按至左脚外侧；目视下方。躯干由左前屈转至右前屈，并带动右手经左膝或左脚前划弧至右膝或右脚外侧，手臂外旋，掌心向前，握固；目随手动视下方。上体抬起，直立；右拳随上体抬起收于章门穴，拳心向上；目视前下方。右青龙探爪势与左青龙探爪势动作相同，唯方向相反。（图7-1-12）

（2）动作要点

伸臂探“爪”，下按划弧，力注肩背，动作自然、协调，一气呵成。目随“爪”走，意存“爪”心。

图7-1-12

11. 卧虎扑食势

（1）练习方法

右脚尖内扣约45度，左脚收至右脚内侧成丁步；同时身体左转90度；两手握固于腰间章门穴不变；目随转体视左前方。左脚向前迈一大步，成左弓步；同时，两拳提至肩部云门穴，并内旋变“虎爪”，向前扑按，如虎扑食，肘稍屈；目视前方。躯干由腰到胸逐节屈伸，重心随之前后适度移动；同时，两手随躯干屈伸向下、向后、向上、向前绕环一周。随后上体下俯，两“爪”下按，十指着地；后退屈膝，脚趾着地；前脚跟稍抬起；随后塌腰、挺胸、抬头、瞪目；动作稍停。起身双手握固收于腰间章门穴；身体重心后移，左脚尖内扣约135度；身体重心左移，同时，身体右转180度，右脚收至左脚内侧成丁步。

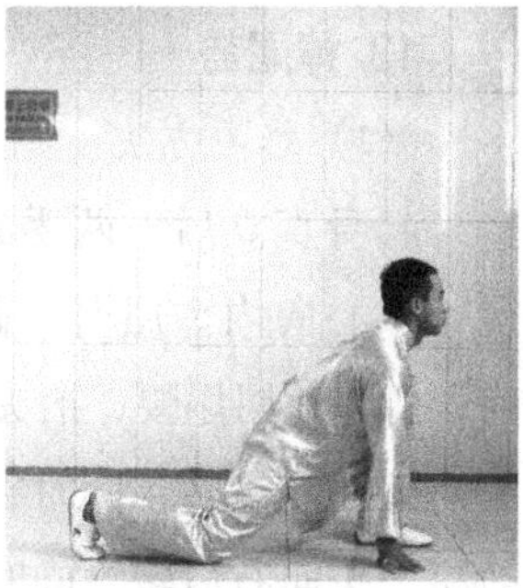
图7-1-13

右卧虎扑食势与左卧虎扑食势动作相同，惟方向相反。（图7-1-13）

（2）动作要点

用躯干的蛹动带动双手前扑绕环。抬头、瞪目时，力达指尖，腰背部成反弓形。

12. 打躬势

（1）练习方法

起身，身体重心后移，随之身体转正；右脚尖内扣，脚尖向前，左脚收回成开立姿势；同时，两手随身体左转放松，外旋，掌心向前，外展至侧平举后，两臂屈肘，两掌掩耳，十指扶按枕部，指尖相对，以两手十指弹拨中指击打枕部7次（即鸣天鼓）；目视前下方。

身体前俯由头经颈椎、胸椎、腰椎、骶椎，由上向下逐节缓缓牵引前屈，两腿伸直；目视脚尖，停留片刻。由骶椎至腰椎、胸椎、颈椎、头，由下向上依次缓缓逐节伸直后成直立；同时两掌掩耳，十指扶按枕部，指尖相对；目视前下方。重复二至三动3遍，逐渐加大身体前屈幅度，并稍停。第一遍前屈小于90度，第二遍前屈约90度，第三遍前屈大于90度。年老体弱者可分别前屈约30度、45度、90度。（图7-1-14）

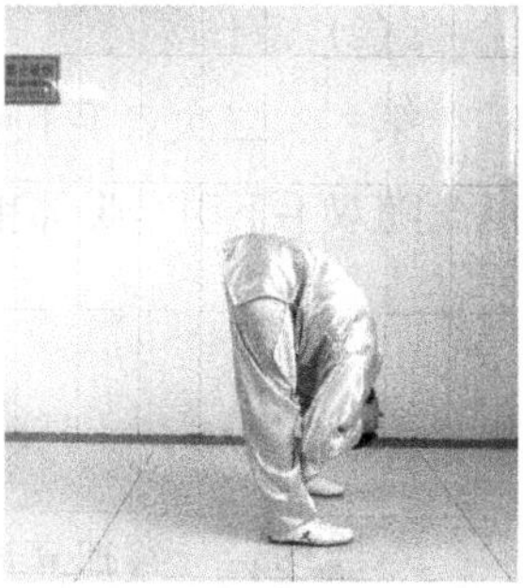
图7-1-14

（2）动作要点

体前屈时，直膝，两肘外展。脊柱自颈向前拔伸卷曲如勾；后展时，从尾椎向上逐节伸展。

13. 掉尾势

（1）练习方法

起身直立后，两手猛然拔离开双耳（即拔耳）。手臂自然前伸，十指交叉相握，掌心向内。屈肘，翻掌向前伸，掌心向外。然后屈肘，转掌心向下内收于胸前；身体前屈塌腰、抬头，两手交叉缓缓下按；目视前方。

头向左后转，同时，臀向左前扭动；目视尾闾。两手交叉不动，放松还原至体前屈。头向右后转，同时，臀向右前扭动；目视尾闾。两手交叉不动，放松还原至体前屈。

重复一至四动3遍。

（2）动作要点

转头转臀时，头与臀部做相向运动。配合动作，自然呼吸，意识专一。

14. 收　式

（1）练习方法

两手松开，两臂外旋；上体缓缓直立；同时，两臂伸直外展成侧，掌心向上，两臂上举，肘微屈，掌心向下；目视前下方。松肩，屈肘，两臂内收，两掌经头、面、胸前下引至腹部，掌心向下；目视前下方。重复一至二动3遍。两臂放松还原，自然垂于体侧；左脚收回，并拢站立；舌抵上腭；目视前方。

（2）动作要点

第一、二次双手下引至腹部以后，意念继续下引，经涌泉穴入地。最后一次则意念随双手下引至腹部稍停。下引时，两臂匀速缓缓下行。

第二节　八段锦

八段锦是一套独立而完整的健身功法，由八节组成，体势动作古朴高雅，故取其名。八段锦历史悠久，简单易学，功效显著，流传广泛，深受人民群众的喜爱。八段锦的体势有坐势和站势两种。坐势练法恬静，运动量小，适于起床前或睡觉前穿内衣锻炼。站势运动量大，适于各种年龄、各种身体状况的人锻炼。本节介绍的是站式八段锦。

一、功法特点及要求

（一）柔和缓慢，圆活连贯

柔和，是指习练时动作不僵不拘，轻松自如，舒展大方。缓慢，是指习练时身体重心平稳，虚实分明，轻飘徐缓。圆活，是指动作路线带有弧形，不起棱角，不直来直往，符合人体各关节自然弯曲的状态。连贯，是要求动作的虚实变化和姿势的转换衔接，无停顿断续之处。

（二）松紧结合，动静相兼

松，是指习练时肌肉、关节以及中枢神经系统、内脏器官的放松。在意识的主动支配下，逐步达到呼吸柔和、心静体松，同时松而不懈，保持正确的姿态，并将这种放松程度不断加深。紧，是指习练中适当用力，且缓慢进行，主要体现在前一动作的结束与下一动作的开始之前。紧，在动作中只在一瞬间，而放松须贯穿动作的始终。松紧配合得适度，有助于平衡阴阳、疏通经络、分解黏滞、滑利关节、活血化瘀、强筋壮骨、增强体质。

本功法中的动与静主要是指身体动作的外在表现。动，就是在意念的引导下，动作轻灵活泼、节节贯穿、舒适自然。静，是指在动作的节分处做到沉稳，特别是在前面所讲八个动作的缓慢用力之处，在外观上看略有停顿之感，但内劲没有停，肌肉继续用力，保持牵引伸拉。适当的用力和延长作用时间，能够使相应的部位受到一定强度的刺激，有助于提高锻炼效果。

（三）神与形合，气寓其中

神，是指人体的精神状态和正常的意识活动，以及在意识支配下的形体表现。“神为形之主，形乃神之宅”。神与形是相互联系、相互促进的整体。本功法每势动作以及动作之间充满了对称与和谐，体现出内实精神、外示安逸，虚实相生、刚柔相济，做到了意动形随、神形兼备。

气寓其中，是指通过精神的修养和形体的锻炼，促进真气在体内的运行，以达到强身健体的功效。习练本功法时，呼吸应顺畅，不可强吸硬呼。

二、练习方法及动作要点

（一）预备式

1. 练习方法

两脚并步站立，两臂垂于体侧，目视前方。左脚向左开步与肩同宽，两臂内旋向两侧摆起，与髋同高，掌心向后，两腿膝关节微屈，两臂外旋向前合抱于腹前，掌心向内，两掌指尖间距约10厘米，目视前方。

2. 动作要点

头向上顶，下颏微收，舌抵上腭，嘴唇轻闭，沉肩垂肘，腋下虚空，胸部宽舒，腹部松沉，收髋敛臀，上体中正。

（二）第一式：两手托天理三焦

1. 练习方法

首先，两臂外旋微下落，两掌五指分开在腹前交叉，掌心向上目视前方，然后两腿挺膝伸直，同时两掌上托于胸前随后两臂内旋向上托起，掌心向上，抬头目视两掌，两掌继续上托，肘关节伸直，同时下颏内收，动作稍停，目视前方，然后，两腿膝关节微屈，同时两臂分别同时向身体两侧下落，两掌捧于腹前，掌心向上，目视前方，全部动作一上一下为1次，共作6次。（图7-2-1）

图7-2-1

2. 动作要点

两掌上托要舒胸展体略有停顿，保持伸拉，两掌下落，松腰沉髋，沉肩垂肘，松腕舒指上体中正。

（三）第二式：左右开弓似射雕

1. 练习方法

重心右移，左脚向左开步站立，膝关节缓慢伸直，两掌向上交叉于胸前，左

图7-2-2

掌在外目视前方。右掌屈指向右拉至肩前，左掌成八字掌，左臂内旋向左推出与肩同高，同时两腿屈膝半蹲成马步，动作略停目视左前方。动重心右移，两手变自然掌，右手向右划弧与肩高掌心斜向前，重心继续右移，左脚回收成并步站立同时两掌捧于腹前，掌心向上目视前方。右式动作与左式相同，只是左右相反，“左右开弓似射雕”此动作一左一右为1次，共做3次，做完3次最后一动时，身体重心继续左移，右脚回收成开步站立，膝关节微屈，同时两掌下落捧于腹前，目视前方。（图7-2-2）

2. 动作要点

侧拉之手，五指要并拢，虚紧，肩臂放平，八字掌侧撑须沉肩坠肘，屈腕，舒指，掌心含空。

（四）第三式：调理脾胃须单举

1. 练习方法

图7-2-3

两腿挺膝伸直，同时左掌上托，经面前上穿，随之臂内旋，上举至头的左上方。右掌同时随臂内旋下按至右髋旁，指尖向前，动作略停。两腿膝关节微屈，同时左臂屈肘外旋，左掌经面前下落于腹前，同时右臂外旋，右掌向上捧于腹前，目视前方。右式动作与左式相同，只是左右相反，“调理脾胃须单举”此动作一左一右为1次，共做3次，做到3次动作最后一动时，两腿膝关节微屈，右掌下按于右髋旁，指尖向前，目视前方。（图7-2-3）

2. 动作要点

舒胸展体，拔长腰脊，两肩松沉，上撑下按，力在掌根。

（五）第四式：五劳七伤往后瞧

1. 练习方法

两腿挺膝，重心升起，同时两臂伸直，指尖向下，目视前方。上动不停，两臂外旋，掌心向外，头向左后转，动作稍停，目视左斜后方两腿膝关节微屈，同时两臂内旋按于髋旁，指尖向前，目视前方。右式动作与左式相同，只是左右相反，“五劳七伤往后瞧”此动作一左一右为1次，共做3次，做完3次最后一动时，两腿膝关节微屈，同时右掌捧于腹前，目视前方。（图7-2-4）

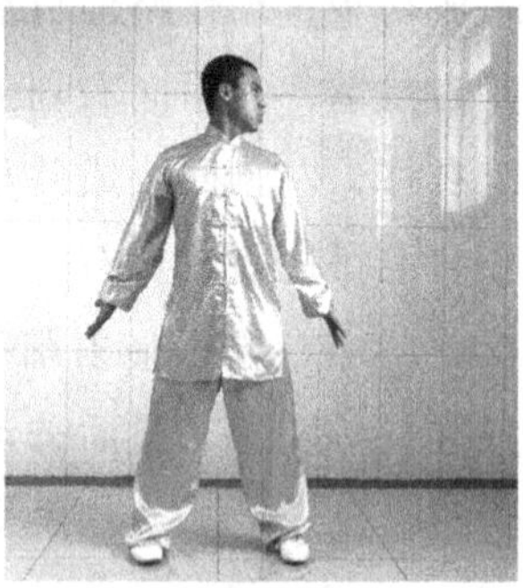

图7-2-4

2. 动作要点

头向上顶，肩向下沉，转头不转体，换臂，两肩后张。

（六）第五式：摇头摆尾去心火

1. 练习方法

重心左移，右脚向右开步站立，同时，两掌上托至头上方，肘关节微屈，指尖相对，目视前方。两腿屈膝半蹲成马步，同时，两臂自两侧下落两掌扶于膝关节上方。重心向上稍升起，随之重心右移，上体向右侧倾，俯身目视右脚面。重心左移同时上体由右前向左扭转斜视右脚跟。重心右移成马步，同时头向后摇，上体立起，随之下颏微收，目视前方。

右式动作与左式相同，只是左右相反。“摇头摆尾去心火”此动作一左一右为1次，共做1次。做完1次最后一动时，重心左移，右脚回收成开步站立，同时两臂经两侧上举，两掌心相对，两腿屈膝，同时两掌下按至腹前，指尖相对，目视前方。（图7-2-5）

图7-2-5

2. 动作要点

马步下蹲，要收髋敛臀，上体中正。摇转时，脖颈与尾闾对拉伸长，速度应柔和，缓慢，圆活，连贯。

（七）第六式：两手攀足固肾腰

1. 练习方法

两腿挺膝伸直站立，同时两指尖向前，两臂向前向上举起，肘关节伸直，掌心向前，目视前方。两臂屈肘，两掌下按于胸前，掌心向下，指尖相对。两臂外旋，两掌心向上，随之两掌掌指顺腋下后插。两掌心向内沿脊柱两侧向下磨运至臀部，随之上体前俯，沿腿后向下磨运，经脚两侧至脚面，抬头目视前方，动作略停。两掌沿地面前伸，随之用手臂带动上体立起，两臂关节伸直上举，掌心向前。该式一上一下为1次，共做6次。做完6次后，两腿膝关节微屈，同时两掌向前下按至腹前，掌心向下，指尖向前，目视前方。（图7-2-6）

图7-2-6

附图7-2-6

2. 动作要点

两掌向下磨运要适当用力，至足背时，松腰沉肩，两膝挺直，向上起身时，手臂要主动上举，带动上体立起。

（八）第七式：攥拳怒目增气力

1. 练习方法

重心右移，左脚向左开步，两腿半蹲成马步，两掌握拳于腰侧，大拇指在内，拳眼向上，目视前方。左拳向前冲出，与肩同高，拳眼向上，目视左拳。左臂内旋，左拳变掌，虎口向下，目视左拳。左臂外旋，肘关节微屈，同时左掌向左缠绕，变掌心向上后握住，大拇指在内，目视左拳。左拳屈肘回收至腰侧拳眼向上，目视前方。

右式与左式相同，该式一左一右为一次，共做三次。做完三次后重心右移，左脚回收成并步站立，同时两拳变掌，垂于体侧，目视前方。（图7-2-7）

图7-2-7

2. 动作要点

冲拳时怒目圆睁，脚趾抓地，拧腰顺肩，马步的高低可根据自己的情况灵活掌握，回收时要旋腕，五指用力抓握。

（九）第八式：背后七颠百病消

1. 练习方法

两脚跟提起，头上顶，动作稍停，目视前方。两脚跟下落，轻震地面。该式一起一落为1次。（图7-2-8）

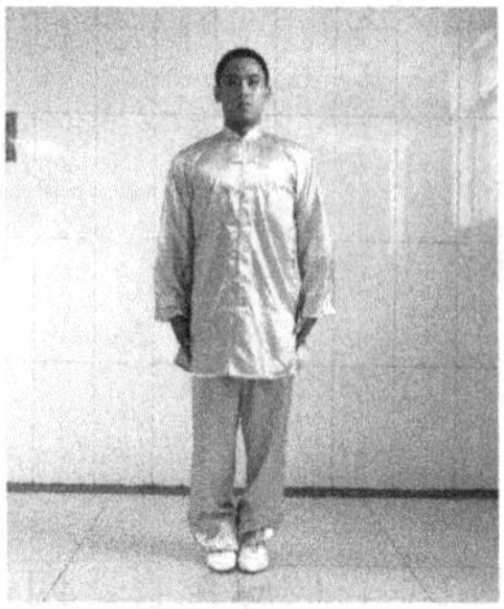

图7-2-8

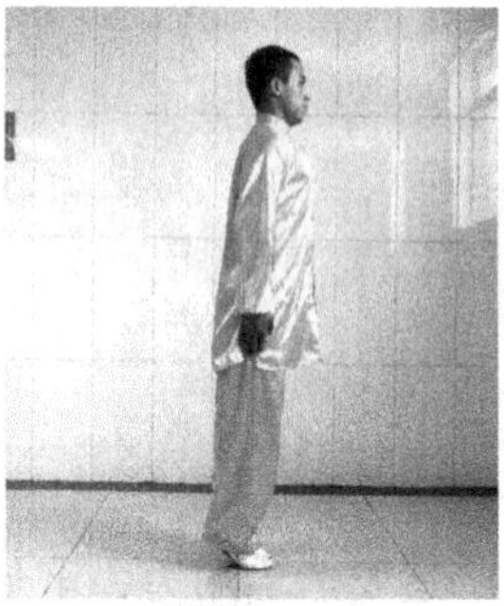

附图7-2-8

2. 动作要点

上提时，要脚趾抓地，脚跟尽力抬起，两腿并拢，百会穴上顶，略有停顿。

（十）收　势

1. 练习方法

两臂内旋，向两侧摆起，与髋同高，掌心向后，目视前方。上动不停两臂屈肘，两掌相叠于腹部，男性左手在里，女性右手在里。两臂垂于体侧。

2. 动作要点

两掌内外劳宫相叠于丹田，周身放松，气沉丹田，收功时要注意，体态安详，举止稳重，可做一些整理身体活动，如搓手浴面。

第三节 五禽戏

五禽戏是一套动功功法，通过模仿动物的动作和神态达到强身健体的目的。五禽戏，分别是虎戏、鹿戏、熊戏、猿戏和鸟戏，每种动作都是模仿了相应的动物动作，因此又称“五禽操”“五禽气功”等。五禽戏巧妙地把动物的肢体运动与人体的呼吸吐纳予以有机结合，使道家的“熊经鸟伸”之术（《庄子》）发展为一套具有我国民族特色的传统保健养生功法。五禽戏不仅使人体的肌肉和关节得以舒展，而且有益于提高心肺功能，改善心肌供氧量，提高心肌排血力，促进组织器官的正常发育。

一、功法特点及要求

（一）安全易学，左右对称

五禽戏动作力求简洁，左右对称，平衡发展，既可全套连贯习练，也可侧重多练某戏，还可只练某戏，运动量较为适中，属有氧训练，安全可靠。习练者可根据自己的身体条件和健康状况，循序渐进。逐步提高。

（二）引伸肢体，动诸关节

五禽戏体现了身体躯干的全方位运动，包括前俯、后仰、侧屈、拧转、折叠、提落、开合、缩放等各种不同的姿势，能对颈椎、胸椎、腰椎等部位进行有效的锻炼。总的来看，本功法以腰为主轴和枢纽，带动上、下肢向各个方向运动，以增加脊椎的活动幅度、增强健身功效。该功法特别注意手指、脚趾等关节的运动，以达到加强远端血液微循环的目的。同时，还注意对平时活动较少或为人们所忽视的肌肉群的锻炼。

（三）外导内引，形松意充

古人将“导引”解释为：“导气令和，引体令柔。”所谓“导气令和”，主要指疏通调畅体内气血和调顺呼吸之气；所谓“引体令柔”，就是指活利关节、韧带、肌肉的肢体运动。五禽戏是以模仿动物姿势、以动为主的功法，根据动作的升降开合，以形引气。虽然“形”显示于外，但为内在的“意”“神”所系。外形动作既要仿效虎之威猛、鹿之安舒、熊之沉稳、猿之灵巧、鸟之轻捷，还要力求蕴含“五禽”的神韵，意气相随，内外合一。

在保持功法要求的正确姿势前提下，习练过程中各部分肌肉应尽量保持放松，做到舒适自然，不僵硬，不拿劲，不软塌。只有肢体松沉自然，才能做到以意引气，气贯全身；以气养神，气血通畅，从而增强体质。

（四）动静结合，练养相兼

五禽戏的动作和姿势都有舒展肢体、活络筋骨的作用，同时在功法的起势、收势以及每一戏结束后，配以短暂的静功站桩，诱导习练者进入相对平稳的状态和“五禽”的意境，以此来调整气息、宁心安神，起到“外静内动”的功效。具体来说，肢体运动时，形显示于外，但意识、神韵贯注于动作中，排除杂念、思想达到相对的“入静”状态；进行静功站桩时，虽然形体处于安静状态，但是必须体会到体内的气息运行以及“五禽”意境的转换，动与静的有机结合，两个阶段相互交替出现，起到练养相兼的互补作用，可进一步提高练功效果。

二、练习方法及动作要点

（一）基本手形

1. 虎　爪

五指分开，虎口撑圆，拇指、食指、中指、无名指、小指的第一、二指节内扣。（图7-3-1）

2. 鹿　角

拇指伸直外张，食指、小指伸直，中指、无名指弯曲内扣。（图7-3-2）

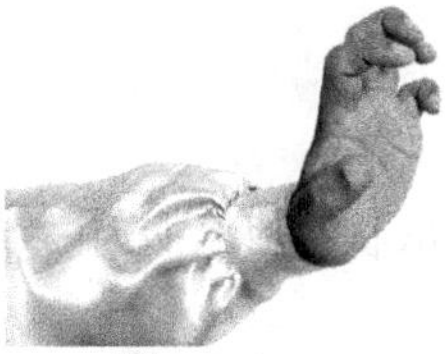

图7-3-1

图7-3-2

3. 熊　掌

拇指压食指指端上，其余四指并拢弯曲，虎口撑圆。（图7-3-3）

4. 猿　钩

五指指腹捏拢，屈腕。（图7-3-4）

5. 鸟　翅

五指伸直，拇指、食指、无名指上翘，中指、小指并拢向下。（图7-3-5）

图7-3-3

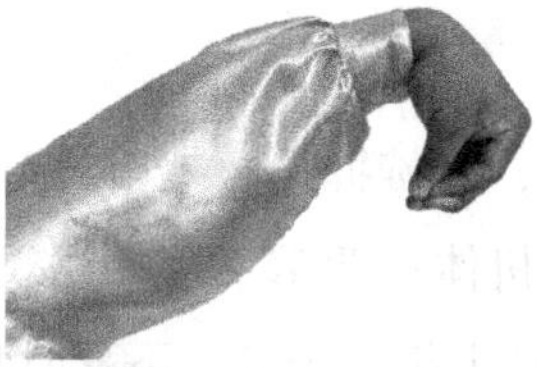

图7-3-4

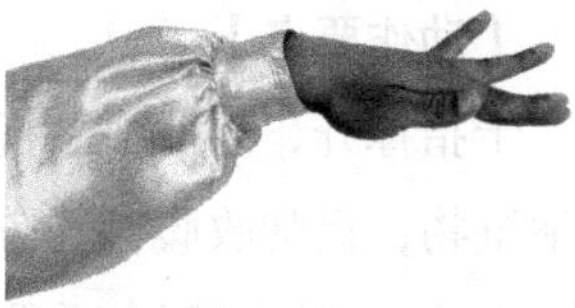

图7-3-5

（二）全套动作及要点

起势调息

起势调息动作的习练目的是调整呼吸，使身体放松，为练功做好准备。其动作要点一是松沉。在两脚分开站立后两手上举前，身体有个向下松沉的动作，松沉的实质就是脊柱的微屈与骨盆微前倾，同时两膝关节微屈。做到松沉的要领是注意肩关节的放松，即“沉肩坠肘”；二是圆活。起势调息的两手上提下按，切忌直上直下，要做到圆活自然。上提时，在松沉的基础上，微伸膝、微伸髋使骨盆微后倾；

当两手上提接近与胸高时，伸腰、伸胸，胸廓微开展，同时两手边上提边内合，从而使两手在上提与内合的“转弯处”自然画出圆弧形。

第一式：虎 举

【练习方法】

动作一：两手掌心向下，十指撑开，再弯曲成虎爪状；随后两手外旋由小指先弯曲，其余四指依次弯曲握拳，拳心相对；目视两掌。

动作二：两拳沿体前缓慢上提，至肩前时，十指撑开举至头上方；目视两掌。

动作三：两掌再弯曲成虎爪状外旋握拳，拳心相对；目视两拳。

动作四：两拳下拉至肩前时，变掌下按；后沿体前下落至腹前，十指撑开，掌心向下；目视两掌。

重复一至四动3遍后，两手自然垂于体侧；目视前方。（图7-3-6）

图7-3-6

【动作要点】

十指撑开，弯曲成“虎爪”，外旋握拳，三个环节均要贯注劲力。两掌向上如托举重物，提胸收腹，充分拔长机体；两掌下落如拉双环，含胸松腹，气沉丹田。眼随手动。动作可配合呼吸，两掌上举时吸气，下落时呼气。

第二式：虎 扑

【练习方法】

动作一：接上势（虎举）。两手握空拳，沿身体两侧上提至肩前上方。

动作二：两手向上、向前画弧，十指弯曲成“虎爪”，掌心向下；同时上体前俯，挺胸塌腰；目视前方两腿屈膝下蹲，收腹含胸；同时两手向下画弧至两膝侧，掌心向下；目视前下方。

动作三：随后，两腿伸膝，送髋，挺腹，后仰；同时，两掌握空拳沿体侧向上提至胸侧；目视前上方。

图7-3-7

动作四：左腿屈膝提起，两手上举，左脚向前迈出一步，脚跟着地，右腿屈膝下蹲，成左虚步；同时上体前倾，两拳变"虎爪"向前、向下扑至膝前两侧，掌心向下；目视前下方。

动作五：随后上体抬起，左脚收回，开步站立，两手自然下落于体侧；目视前方。

动作五至八：同动作一至四，唯左右相反。

重复一至八动1遍后，两掌向身体侧前方举起，与胸同高，掌心向上；目视前方。两臂屈肘，两掌内合下按，自然垂于体侧；目视前方。（图7-3-7）

【动作要点】

上体前俯，两手尽力向前伸，而臀部向后引，充分伸展脊柱。屈膝下蹲，收腹含胸要与伸膝、送髋、挺腹、后仰动作过程连贯，使脊柱形成由折叠到展开的蠕动，两掌下按上提要与之配合协调。虚步下扑时，速度可加快，先柔后刚，配合快速深呼气，气由丹田发出，以气催力，力达指尖，表现出虎的威猛。

第三式：鹿　抵

【练习方法】

动作一：接上势（虎扑）。两腿微屈，身体重心移至右腿，左脚经右脚内侧向左前方迈步，脚跟着地；同时，身体稍右转，两掌握空拳向右侧摆起，拳心向下，高与肩平；目随手动，视右拳。

动作二：身体重心前移，左腿屈膝，脚尖外展踏实，右腿伸直蹬实；同时，身体左转，两掌成"鹿角"向上、向左、向后划弧，掌心向外，指尖朝后，左臂弯曲外展平伸，肘抵靠左腰侧，右臂举至头前，向左后方伸抵；目视右脚跟。随后身体右转，左脚收回，开步站立；同时两手向上、向右、向下划弧，两掌握空拳下落于体前；目视前下方。

动作三四：同动作一二，惟左右相反。

动作五至八：同动作一至四。

重复一至八动1遍。（图7-3-8）

图7-3-8

【动作要点】

腰部侧屈拧转，侧屈的一侧腰部要压紧，另一侧腰部则借助上举手臂后伸，得到充分牵拉。后脚脚跟要蹬实，固定下肢位置，加大腰腹部的拧转幅度，运转尾闾。动作可配合呼吸，两掌划弧摆动时吸气，向后伸抵时呼气。

第四式：鹿 奔

【练习方法】

动作一：接上势（鹿抵）。左脚向前跨一步，屈膝，成左弓步，右腿伸直；同时，两手握空拳，向上、向前划弧至体前，高与肩平，与肩同宽，拳心向下；目视前方。

动作二：身体重心后移，左膝伸直，全脚掌着地，右腿屈膝，低头，弓背，收腹；同时，两臂内旋，两掌前伸，掌背相对，拳变“鹿角”。

动作三：身体重心前移，上体抬起，右腿伸直，左腿屈膝，成左弓步；松肩沉肘，两臂外旋，“鹿角”变空拳，高与肩平，拳心向下；目视前方。

动作四：左脚收回，开步直立；两拳变掌回落于体侧；目视前方。

动作五至八：同动作一至四，唯左右相反。

重复一至八动1遍后，两掌向身体侧前方举起，与胸同高，掌心向上；目视前方。屈肘，两掌内合下按，自然垂于体侧，目视前方。（图7-3-9）

图7-3-9

【动作要点】

提腿前跨要有弧度，落步轻灵，体现鹿的安舒神态。身体后坐时，两臂前伸，胸部内含，背部形成“横弓”状；头前伸，背后拱，腹收缩，臀内敛，形成“竖弓”状，使腰背部得到充分伸展和拔长。动作可配合呼吸。身体后坐时，配合吸气，重心前移时，配合呼气。

第五式：熊　运

【练习方法】

动作一：接上势（鹿奔）。两掌握空拳成“熊掌”，拳眼相对，垂于下腹部；目视两拳。

动作二：以腰腹为轴，上体做顺时针摇晃；同时，两拳随之沿右肋部、上腹部、左肋部、下腹部画圆；目随上体摇晃环视。

动作三、四：同动作一、二。

动作五至八：同动作一至四，上体做逆时针摇晃，两拳随之画圆，唯方向相反。做最后一动作后，两拳变掌下落，自然垂于体侧；目视前方。（图7-3-10、图7-3-11）

图7-3-10

图7-3-11

【动作要点】

两掌画圆应随腰腹部的摇晃而被动牵动，要协调自然。两掌画圆是外导，腰腹摇晃为内引，意念内气在腹部丹田运行。动作可配合呼吸，身体上提时吸气，身体前俯时呼气。

第六式：熊　晃

【练习方法】

动作一：接上势（熊运）。身体重心右移，左髋上提，牵动左脚离地，再微屈左膝；两掌握空拳成“熊掌”；目视左前方。

动作二：身体重心前移，左脚向左前方迈步落地，全脚掌踏实，脚尖朝前，右腿伸直；身体右转，左臂内旋前靠，左拳摆至左膝前上方，拳心朝右，右拳摆至体后，拳心朝后；目视左前方。

图7-3-12

动作三：身体左转，重心后坐，右腿屈膝，左腿伸直；拧腰晃肩，带动两臂前后弧形摆动，右拳摆至左膝前上方，拳心朝右，左拳摆至体后，拳心朝后；目视左前方。

动作四：身体右转，重心前移，左腿屈膝，右腿伸直；同时，左臂内旋前靠，左拳摆至左膝前上方，拳心朝左，右拳摆至体后，拳心朝后；目视左前方。

动作五至八：同动作一至四，唯左右相反。

重复一至八动1遍后，左脚上步，开步站立；同时两手自然垂于体侧。两掌向身体侧前方举起，高与胸同，掌心向上；目视前方。屈肘，两掌内合下按，自然垂于体侧；目视前方。（图7-3-12）

【动作要点】

用腰侧肌群收缩来牵动大腿上提，按提髋、起腿、屈膝的先后顺序提腿。两脚前移，横向间距稍宽于肩，随身体重心前移，全脚掌踏实，使震动感传至髋关节处，体现熊步的沉稳厚实。

第七式：猿　提

【练习方法】

动作一：接上势（熊晃）。两掌在体前，手指伸直分开，再屈腕撮拢捏紧成“猿勾”。

动作二：两掌上提至胸，两肩上耸，收腹提肛；同时脚跟提起，头向左转；目随头动，视身体左侧。

动作三：两肩下沉，头转正，松腹落肛，脚跟着地，“猿勾”变掌，掌心向下；目视前方。

动作四：两掌沿体前下按落于体侧；目视前方。

动作五至八：同动作一至四，唯头向右转。

重复一至八动作1遍。（图7-3-13）

【动作要点】

掌指撮拢变钩，速度稍快。按耸肩、收腹、提肛、脚跟离地、转头的顺序，上提重心。耸肩、缩胸、屈肘、提腕要充分。动作可配合提肛呼吸。两掌上提吸气时，稍用意提起会阴部；下按呼气时，缓慢放下会阴部。

图7-3-13

第八式：猿　摘

【练习方法】

动作一：接上势（猿提）。左脚向左后方退步，脚尖点地，右腿屈膝，重心落于右腿；同时，左臂屈肘，左掌成“猿钩”收至左腰侧，右掌向右斜前下方约45度处自然摆起，掌心向下。

动作二：身体重心后移，左脚踏实，屈膝下蹲，右脚收至左脚内侧，脚尖点地，成右丁步；同时，右掌向下经腹前向左上方画弧至头左侧，掌心对太阳穴；目先随右掌动，再转头注视右前上方。

动作三：右掌内旋，掌心向下，沿体侧下按至左髋侧；目视右掌。右脚向右前方迈出一大步，左腿蹬伸，身体重心前移，右腿伸直，左脚脚尖点地；同时，右掌经体前向右上方画弧，举至右上侧变“猿钩”，稍高于肩，左掌向前、向上伸举，屈腕撮钩，成采摘式；目视左掌。

动作四：身体重心后移，左掌由“猿钩”变为“握固”，右手变掌自然回落于体前，虎口朝前。随后左腿屈膝下蹲，右脚收至左脚内侧，脚尖点地，成右丁步；同时，左臂屈肘收至左耳旁，掌指分开，掌心向上，成托桃状，右掌经体前向左画弧至左肘下捧托；目视左掌。

动作五至八：同动作一至四，唯左右相反。（图7-3-14）

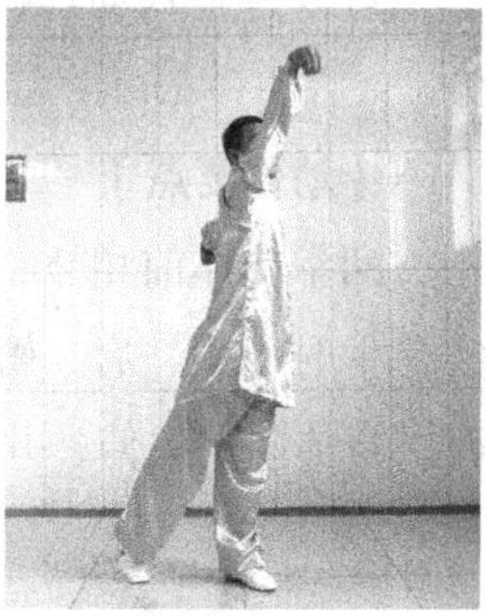

图7-3-14

【动作要点】

左顾右盼要分明，团身展体要协调，采摘变勾要敏捷。呼吸要求：退步吸气，下划呼气，上摆吸气，下按呼气，展体吸气，摘果呼气，收回吸气，托桃呼气。意念运用：模仿猿猴攀树摘果的姿势。

第九式：鸟 伸

【练习方法】

动作一：接上势（猿摘）。两掌在腹前相叠。

动作二：两掌向上举至头前上方，掌心向下，指尖向前；身体微前倾，提肩，缩项，挺胸，塌腰；目视前下方。

动作三：两腿微屈下蹲，同时两掌相叠下按至腹前；目视两掌。

动作四：身体重心右移，右腿蹬直，左腿伸直向后抬起；同时，两掌左右分开，掌成“鸟翅”向体侧后方摆起，掌心向上；抬头，伸颈，挺胸，塌腰；目视前方。

动作五：左脚回落成左右开立步，两腿微屈半蹲；同时，两掌下落经体侧叠于腹前；目视两掌。

动作六：两腿伸直；同时两掌上举至头前上方，掌心向下，指尖向前；身体微前倾，提肩，缩项，挺胸，塌腰；目视前下方。

图7-3-15

动作七、八：同动作三至四，唯左右相反。

重复一至八动1遍后，左脚下落，两脚开步站立，两手自然垂于体侧；目视前方。（图7-3-15）

【动作要点】

两掌在体前相叠，上下位置可任选，以舒适自然为宜。注意动作的松紧变化。掌上举时，颈、肩、臀部紧缩；下落时，两腿微屈，颈、肩、臀部松沉。两臂后摆时，身体向上拔伸，并形成向后反弓状。

第十式：鸟　飞

【练习方法】

图7-3-16

接上势（鸟伸）。两腿微屈，两掌成“鸟翅”合于腹前，掌心相对；目视前下方。

动作一：右腿伸直独立，左腿屈膝提起，小腿自然下垂，脚尖朝下；同时，两掌成展翅状在体侧平举向上，稍高于肩，掌心向下；目视前方。

动作二：左脚下落在右脚旁，脚尖着地，两腿微屈；同时，两掌合于腹前，掌心相对；目视前下方。

动作三：右腿伸直独立，左腿屈膝提起，小腿自然下垂，脚尖朝下；同时，两掌经体侧，向上举至头顶上方，掌背相对，指尖向上；目视前方。

动作四：左脚下落在右脚旁，全脚掌着地，两腿微屈；同时，两掌合于腹前，掌心相对；目视前下方。

动作五至八：同动作一至四，唯左右相反。

重复一至八动1遍后，两掌向身体侧前方举起，与胸同高，掌心向上；目视前方。屈肘，两掌内合下按，两手自然垂于体侧；目视前方。（图7-3-16）

【动作要点】

两臂侧举，动作舒展，幅度要大，尽量展开胸部两侧；两臂下落内合，尽量挤压胸部两侧。手脚变化配合协调，同起同落。动作可配合呼吸，两掌上提时吸气，下落时呼气。

主要参考文献

[1] 徐才. 武术学概论[M]. 北京: 人民体育出版社, 1996.

[2] 邱丕相, 蔡仲林, 郑旭旭. 中国武术导论[M]. 北京: 高等教育出版社, 2010.

[3] 邱丕相, 蔡仲林, 林小美. 武术套路基础教程[M]. 北京: 高等教育出版社, 2010.

[4] 邱丕相, 蔡仲林, 赵光圣. 武术格斗基础教程[M]. 北京: 高等教育出版社, 2010.

[5] 中国武术协会. 武术散打竞赛规则与裁判法（2013）[M]. 北京: 人民体育出版社, 2013.

[6] 蔡仲林, 周之华. 武术（第二版）[M]. 北京: 高等教育出版社, 2009.

[7] 全国体育院校教材委员会, 中国武术教程[M]. 北京：人民体育出版社, 2004.

[8] 邱丕相. 中国武术文化散论[M]. 上海：上海人民出版社, 2007.

[9] 孟涛. 武术运动英汉双语学与练[M]. 北京: 北京体育大学出版社, 2010.

[10] 刘同为. 武术套路竞赛裁判操作指南[M]. 北京：人民体育出版社, 2008.

[11] 国家体委武术研究院. 中国武术史[M]. 北京: 人民体育出版社, 1997.

[12] 周伟良. 中国武术史[M]. 北京: 高等教育出版社, 2003.

[13] 林伯源. 中国武术史[M]. 北京: 北京体育大学出版社, 1994.

[14] 中国武术百科全书编撰委员会. 中国武术百科全书[M]. 北京: 中国大百科全书出版社, 1998.

[15] 全国体育院校教材委员会. 武术理论基础[M]. 北京: 人民体育出版社, 1997.

[16] 中国武术段位制编写组. 中国武术段位制理论教程[M]. 北京: 北京体育大学出版社, 1997.

[17] 江百龙. 武术理论基础[M]. 北京: 人民体育出版社, 1995.

[18] 郭扬. 武医心要[M]. 太原: 山西科学技术出版社, 2008.

[19] 叶伟. 散打运动入门[M]. 北京: 人民体育出版社, 2009.

[20] 叶伟. 散打运动训练理论与实践[M]. 北京: 人民体育出版社, 2004.

[21] 国家体育总局健身气功管理中心. 健身气功[M]. 北京: 人民体育出版社, 2005.

[22] 冀运希. 健身气功社会体育指导员培训教材[M]. 北京: 人民体育出版社, 2007.

[23] 郭凌宇. 形意拳[EB/OL]. http：//www. docin. com/p-560900254. html.

[24] 彭卫国. 中华武术谚语[M]. 北京: 电子工业出版社, 1988.

[25] 叶伟, 杨静, 汤铁军. 二十四式太极拳[M]. 南京: 江苏科学技术出版社, 2008.

[26] 叶伟, 汤铁军, 朱建亮. 武术健身养生手册[M]. 北京: 金盾出版社, 2012.